Salus populi

Du même auteur

La Flamme
Éd. Robert Laffont, 1990

L'Alternative nationale
Éd. nationale, 1996

La Troisième Voie
Éd. nationale, 1997

La Nouvelle Europe
Éd. nationale, 1998

La France à l'endroit
Éd. Cité Liberté, 2002

L'Autre Scénario
Éd. Cité Liberté, 2006

Le Temps du phénix
Éd. Cité Liberté, 2016

Bienvenue en Hexagonie
Éd. Altera, 2018

Bruno Mégret

Salus populi

Roman

Éditions Altera

1 rue de Stockholm, 75008 Paris
ISBN 978-2-490465-01-9
Dépôt légal : avril 2024

Première partie

25 avril 2032 — 18 décembre 2032

Chapitre 1

Surprise à Nanteuil

Comme si le temps n'avait pas de prise sur lui, le petit village de Nanteuil-sur-Avre n'avait guère changé depuis un siècle. Avec ses quelques centaines d'habitations disposées de façon un peu chaotique autour de la place de l'église et le long de quatre ruelles au tracé incertain, il offrait à ses résidents une tranquillité presque sépulcrale que beaucoup de jeunes avaient d'ailleurs préféré fuir.

Mais, en cette fin de journée du 25 avril 2032, la petite bourgade était envahie par une foule étrangère et bigarrée comme les Nanteuillais n'en avaient jamais vu auparavant. Parlant toutes les langues, des hordes de journalistes, de cameramen et de photographes occupaient en effet les lieux depuis le début de l'après-midi, faisant de ce village normand le centre médiatique de la France.

Ce n'était cependant pas Nanteuil-sur-Avre lui-même qui attirait cette foule, mais une propriété située plus en hauteur au bout d'un petit chemin à peine goudronné. Entourée d'une haute clôture doublée d'une haie impénétrable, on y accédait par un portail imposant pour l'heure fermé par un énorme verrou. Les forces de l'ordre présentes en grand nombre s'étaient déployées tout autour du domaine, empêchant quiconque de s'en approcher.

Celui-ci appartenait en effet à Jérôme Bolton, le candidat à l'élection présidentielle du Centre en marche dont les sondages indiquaient qu'il serait élu et dont la victoire devait être annoncée à vingt heures sur toutes les chaînes d'information. Or, ce dernier avait choisi d'attendre les résultats dans cette propriété de famille au cœur de sa circonscription électorale et de s'adresser aux Français depuis la place du village.

À quelques kilomètres de là, dans une demeure beaucoup plus modeste, les Lambrosi recevaient leurs amis pour un dîner tel qu'ils en organisaient tous les ans de façon quasi rituelle. Les membres de ce cercle, qui s'était formé au meilleur lycée du Havre quelque quinze années plus tôt, avaient cultivé des liens d'amitié qui, malgré leurs parcours très différents, les amenaient à se retrouver chez les Lambrosi le dernier week-end d'avril. Cette fois-ci, malgré l'élection présidentielle, personne n'avait jugé bon de modifier la date de leur rencontre. Certains avaient voté par procuration, d'autres avaient boudé les bureaux de vote comme ils le faisaient avant.

À vingt heures, lorsque le portrait du nouveau président apparut sur l'ensemble des chaînes d'info, tous se trouvaient néanmoins réunis, un verre à la main, devant un écran de télévision.

— Bolton ! Il fallait s'y attendre, lança Laurent Valmont, un avocat désabusé, déçu par la politique comme par son métier. De toute façon, lui ou un autre, ça continuera comme avant, rien ne change jamais !

— Tu exagères, Laurent, comme d'habitude et tu te trompes car le Centre en marche conserve certes le pouvoir, mais il vient de faire élire un homme qui n'était pas prévu pour devenir président et qui va certainement apporter un peu d'air frais au sein du monde politique, fit remarquer Isabelle Bouali qui était chargée de communication dans un groupe international et qui, elle, avait voté par procuration pour Bolton.

Il était vrai en effet que le Centre en marche avait été privé de ses deux principaux leaders. Gravement malade, le président de la République sortant, Gérard Meunier, avait décidé de ne pas se représenter et celui qui s'imposait naturellement pour lui succéder, Bertrand Rastoin, avait dû au dernier moment renoncer lui aussi à sa candidature.

— Laurent, tu n'as pas le droit de te plaindre, tu n'as pas voté. Si tu avais donné ta voix à Delpin et s'il avait été élu, tu en aurais eu du changement, crois-moi, lança Héloïse Randale, une femme médecin généraliste qui ne cachait pas son soutien à Patria et à François Delpin, son président.

— Oh ! Ne commence pas, Héloïse, s'exclama leur hôtesse Clara Lambrosi. On sait que tu as voté Patria mais je t'interdis de gâcher notre soirée avec tes slogans d'extrême droite.

— Oui, oui, ne t'inquiète pas, répliqua Héloïse en souriant, il n'empêche que Delpin a été très près de l'emporter et ça, ça aurait tout changé.

La conversation n'alla pas plus loin car le maître de maison qui avait cuisiné le dîner se leva :

— Bon ! On a vu les résultats, on ne va pas passer la soirée à écouter les boniments des politiques et des journalistes. J'éteins l'écran et nous passons à table.

Dans le manoir de Nanteuil-sur-Avre personne en revanche ne songeait à dîner. Les invités, pour beaucoup des cadres et des élus du Centre en marche, manifestaient bruyamment leur joie mais, dans le salon principal où Bolton se tenait avec ses principaux collaborateurs ainsi que son épouse et leurs deux enfants, la tension n'avait pas baissé.

Satisfait de son score, le nouvel élu savait que ce résultat n'était pas l'arrivée mais le départ d'une longue marche semée d'embûches et, comme pour entamer la liste des actions qu'il allait maintenant devoir accomplir, il prit son téléphone et sortit dans le jardin.

Bolton n'était pas de ceux que l'on remarque au premier coup d'œil. D'une élégance discrète, le visage plutôt rond mais distingué, il émanait de lui un mélange inhabituel de gentillesse et d'intelligence, une impression que corrigeait une voix grave et puissante qui lui conférait autorité et charisme lorsqu'il parlait en public. À l'origine médecin généraliste, le nouvel élu avait déjà une longue carrière politique derrière lui. Il était connu des Français, mais sa notoriété venait moins de sa présence dans les médias que de ses fonctions importantes et durables au sein de l'équipe dirigeante du parti. Considéré comme un peu trop à droite pour être porte-parole du Centre en marche, il était en revanche devenu indispensable au fonctionnement de ses fédérations départementales et à l'organisation des élections auxquelles il participait. Pour cette raison, l'ancien président du Centre en marche Bertrand Rastoin le voyait comme son principal adjoint. Quant à Bolton, qui éprouvait pourtant une certaine défiance à l'égard du personnage, il acceptait cette situation sans jamais s'en plaindre pour la position éminente et solide qu'elle lui garantissait dans le parti.

Il lança un appel sur son téléphone portable, attendit quelques instants et finit par entendre une voix bien connue de lui qui l'interpella sans ménagement. Il s'agissait justement de Bertrand Rastoin, l'homme qui aurait dû être candidat à l'élection présidentielle mais qui avait été rattrapé par une affaire de viol quelques semaines seulement avant le début de la campagne. Dans l'incapacité de se présenter lui-même, il avait surtout cherché à éviter d'être remplacé par l'un de ses rivaux et pour cela avait promu Jérôme Bolton qu'il avait pu faire investir grâce à la très forte popularité interne de ce dernier auprès des cadres et des élus du Centre en marche. Les idées parfois iconoclastes de son adjoint ne lui étaient pas apparues comme un obstacle puisqu'il comptait, en cas de succès, le piloter à l'Élysée comme il le faisait au Centre en marche.

— Alors, c'est bon ? lança-t-il à ce dernier.

— Oui, c'est bon, Président, acquiesça Bolton prenant soudain conscience que c'était lui désormais qui portait le titre beaucoup plus prestigieux de président de la République.

— Bon, le plus important maintenant c'est la nomination de ton secrétaire général. Tu as vu Burgot ?

Surpris par l'attitude de son interlocuteur qui, sans même le féliciter, le harcelait comme aux tout premiers jours de leur collaboration, Bolton ne répondit pas. Un silence qui rendit Bertrand Rastoin encore plus pressant et agressif.

— Bon sang, Jérôme ! Mais qu'est-ce que tu fais ?

Bolton, exaspéré, finit par lâcher :

— Oui, je l'ai vu, j'ai donné mon accord, il va être nommé sans délai.

Puis il coupa court à leur échange et raccrocha.

De retour dans le salon, le futur président de la République sentit que l'effervescence était maintenant à son comble. Son état-major de campagne l'entoura un verre à la main. Lucas Faral le félicita :

— Vous avez fait une très belle campagne, Jérôme, ce succès vous le méritez, ce triomphe c'est le vôtre.

Faral, qui était proche du nouvel élu, tenait à souligner le rôle décisif de son ami dans cette élection car sa victoire était loin d'être acquise au départ de la course présidentielle. Il lui avait fallu devancer les trois candidats de la gauche au premier tour. Puis battre au deuxième tour François Delpin, le président de Patria, un candidat redoutable.

Bolton sourit à Faral mais ne s'attarda pas. Son fils Arnaud et sa fille Nathalie vinrent à leur tour embrasser leur père qui leur répondit par quelques mots affectueux. Il étreignit ensuite longuement son épouse Élisabeth avant de reprendre ses habits neufs de futur président.

— Je vais aller saluer nos amis, leur dit-il en les quittant pour gagner un autre salon où se tenaient les principaux dirigeants du parti, du moins ceux qui avaient fait le choix de le rejoindre plutôt que de participer à la réunion des sympathisants du Centre en marche place du Trocadéro à Paris. L'ambiance était chaleureuse, le champagne était servi généreusement et tous se pressaient pour saluer le nouvel élu.

Dans la maison de Marc et Clara Lambrosi, le dîner était moins joyeux car, après l'échange de nouvelles personnelles et l'évocation de souvenirs communs, la conversation avait fini par porter sur la situation politique et sur l'état du pays. Or, si le vote ou le non vote des convives reflétait des opinions partisanes très disparates, tous se retrouvaient dans un profond dégoût du monde politicien et une réelle inquiétude pour l'avenir du pays.

— Rien ne va plus, lança Marc, le moins politisé du groupe. Certains parlent de déclin ou de décadence, je ne sais pas si ce sont les mots justes mais je fais tous les jours le même constat : où qu'on se tourne, ça ne va pas. Moi, par exemple, je ne sais pas si je ne vais pas finir par fermer mon entreprise. Chaque année, l'étau se resserre : les charges, les réglementations, la technocratie, Bruxelles et le mondialisme. Ils vont finir par nous couler moi et mes deux cent cinquante salariés.

La tablée marqua comme une pause, chacun sentant bien que leur ami avait parlé avec une émotion qui dépassait le cadre d'une simple conversation conviviale.

— Marc a raison, reprit cependant Laurence Delcoing qui était professeur de lettres. Dans l'enseignement, on assiste aussi à un lent déclin qui prive nos enfants de savoir, de valeurs et de repères, et tout cela paraît inéluctable, comme si c'était voulu, orchestré ou planifié.

— Tu es dans le vrai, Laurence, coupa un peu sentencieux Lucien Malnar qui était professeur à la Sorbonne. On a comme le sentiment d'un monde qui s'éteint. La France était au cœur d'une grande civilisation, je pense à la littérature mais aussi à tous les autres domaines, la science, l'économie, la médecine, les arts et la politique, et tout se passe aujourd'hui comme si l'on tournait la dernière page d'un livre. La population a changé et pas seulement à cause de l'immigration qui impose de plus en plus ses mœurs et ses traditions, mais aussi par la faute des Français qui se laissent abêtir par le politiquement correct.

L'universitaire s'arrêta puis, après un moment de silence :

— C'est un peu comme si ce que nous sommes cessait progressivement d'exister. Je ne sais pas si vous ressentez ce que j'essaye de dire.

Personne ne répondit mais, après une courte pause, les invités se mirent à évoquer le monde professionnel qui était le leur et, sans s'en rendre compte, tous confortèrent les propos de Malnar. Christian Gaubert, haut fonctionnaire en poste au Secrétariat général du gouvernement, expliqua que l'administration, qui représentait pourtant la colonne vertébrale de l'État, se délitait chaque année un peu plus avec un encadrement qui n'était pratiquement plus sélectionné par des concours mais recruté pour satisfaire à des quotas en tout genre. Une pratique qui, appliquée au monde des fonctionnaires de base, avait commencé à provoquer un phénomène de tiers-mondisation des services. Puis, le capitaine de gendarmerie Arnaud Delcroix, qui commandait un escadron de gardes mobiles, évoqua le grave problème de l'immigration. Une immigration qui submergeait le pays, provoquant une insécurité d'autant plus violente que les auteurs de ces désordres jouissaient d'une impunité révoltante.

Et chacun de déplorer l'impuissance du politique et le sentiment que tout était figé par le politiquement correct, comme si la France était entrée dans une ère glaciaire qui paralysait la pensée comme l'action, l'intelligence comme le courage.

À Nanteuil-sur-Avre, l'ambiance était toute différente, on y célébrait la victoire et on n'y envisageait que des lendemains qui chantent. Pourtant, les convives des Lambrosi auraient été étonnés d'apprendre qu'après avoir été désigné comme candidat, Bolton avait lui aussi ressenti l'impression de se heurter à une glaciation du système politique français.

En effet, lorsqu'il avait voulu aménager le programme électoral préparé par Rastoin pour le mettre plus en cohérence avec ce qu'il sentait des aspirations des Français, il s'était entendu répondre que ce n'était pas possible.

— Jérôme, ce que tu proposes ne sera jamais accepté par le Conseil constitutionnel, lui avait-on dit, et nous ne pouvons pas présenter un programme qui serait dénoncé comme anticonstitutionnel.

— Notre projet vise pourtant à changer les lois existantes, avait répliqué Bolton. Si ce n'est pas le cas, je me demande ce que nous faisons ici.

— Oui, bien sûr, lui avait-on répliqué, mais il ne faut proposer que des changements autorisés par le Conseil constitutionnel.

Bolton, qui connaissait bien sûr le rôle éminent de cette prestigieuse juridiction, n'avait cependant pas mesuré jusqu'alors à quel point celle-ci limitait la marge de manœuvre du chef de l'État. Aussi s'était-il rangé aux avis des caciques de son mouvement, sauf dans les domaines de l'immigration et de l'insécurité où il avait exigé le maintien d'une série de mesures qualifiées « d'interdites ».

Se pliant à sa décision, ses interlocuteurs l'avaient alors mis en garde :

— Tu as sans doute raison, ces mesures nous rapporteront des voix, mais, attention, tu devras y renoncer si tu es élu. Et ça, c'est de plus en plus mal vécu par les Français.

Bolton avait balayé la remarque, renvoyant le problème à un futur au demeurant fort incertain à l'époque. Mais, son élection devenue réalité, le tout nouvel élu repensa à cette confrontation au moment où, juché sur une estrade dressée devant la mairie, il s'apprêtait à prononcer sa déclaration de nouveau président depuis la place principale du village.

L'homme savait parler et son intervention, exprimée sur un ton solennel et d'une voix forte, le fit reconnaître pour ce qu'il était désormais. Venus en nombre, les militants qui l'écoutèrent sur la place de la mairie lui répondirent par des applaudissements et des acclamations, chacun brandissant un drapeau tricolore fourni par le parti. Bolton les salua longuement, arborant toujours son sourire électoral.

Une fois rentré chez lui, satisfait d'avoir réussi sa prestation, libéré par son directeur de la communication de tout autre obligation, Bolton se laissa aller à savourer sa victoire avec les dignitaires de son parti qui commençaient déjà à le flatter comme on le fait avec ceux qui ont le pouvoir de distribuer des places et des honneurs.

Chez les Lambrosi, on ne parlait plus politique depuis longtemps et la soirée se poursuivait, ponctuée de plaisanteries et de considérations personnelles. La plupart des amis de Marc et de Clara ne se préoccupaient plus en effet que de leur sort personnel, de leur métier, de leur famille, de leurs amis et de leurs loisirs, ayant perdu, comme une majorité de Français, toute conscience de leur destin collectif.

Chapitre 2

Jeu de déconstruction

— Il y aura, en fin de matinée, la remontée des Champs- Élysées en voiture, puis le geste symbolique de la flamme à ranimer sous l'Arc de Triomphe. Mais l'investiture proprement dite aura lieu avant cela à l'Élysée avec la remise du grand collier de la Légion d'honneur par le chancelier de l'ordre, indiqua le futur président à Lucas Faral.

Ce dernier, qui était un ami des Bolton, était resté dormir chez eux le soir de l'élection. Après le déjeuner du lendemain, son hôte l'avait entraîné dans sa bibliothèque pour un entretien informel et amical. Une tasse de café à la main, les deux hommes évoquaient la journée d'intronisation du président qui devait avoir lieu quatre jours plus tard, le 30 avril 2032.

— Ensuite, le président du Conseil constitutionnel proclamera le résultat du vote et prononcera un discours.

— Ça ne me plaît pas du tout, coupa Faral. Ce personnage cherche ainsi à dénaturer la légitimité qui est la vôtre en laissant croire que vous ne la tirez pas directement du peuple mais qu'elle vous est octroyée par le truchement du Conseil constitutionnel qui canaliserait, voire validerait en quelque sorte la volonté des Français.

Et il ajouta :

— Vous devez refuser cette intervention qui vise à asseoir la prééminence du Conseil constitutionnel sur la présidence de la République. Le seul discours qui doit être prononcé, c'est le vôtre !

— Vous allez un peu loin dans vos analyses, Lucas. Vous ne croyez pas que l'intéressé veut simplement se mettre en avant ? observa Bolton qui, après un temps de silence, ajouta :

— Après tout, je crois que vous avez raison. Je vais revoir ça.

L'entretien se poursuivit encore un bon moment puis, à la fin, le président regarda son ami et lui dit :

— Au fait, je vous veux avec moi à l'Élysée. Vous aurez le titre de conseiller spécial, ce qui vous permettra d'intervenir sur tous les dossiers.

Lucas Faral remercia le futur chef de l'État puis, ayant pris congé de la famille Bolton, il se rendit à la gare et monta dans le train qui devait le ramener à Paris. Une fois installé dans la rame, il fut reconnu par une jeune femme à la silhouette élancée, élégante et sûre d'elle qui le salua avec un grand sourire. Il s'agissait de l'amie des Lambrosi, Isabelle Bouali, qui connaissait Lucas Faral pour avoir été de la même promotion que lui dans la grande école de commerce dont ils étaient l'un et l'autre diplômés.

— Comment vas-tu ? Tu étais chez Bolton ?

La quarantaine, le visage expressif, les cheveux en désordre, Faral avait une apparence un peu décomplexée qui contrastait avec son statut de haut fonctionnaire. Ses liens avec la famille Bolton étaient connus de ses amis et relations, aussi raconta-t-il à Isabelle sa soirée à Nanteuil-sur-Avre et, sans dissimuler la fierté un peu juvénile qu'il en éprouvait, il lui fit part de sa récente nomination auprès du nouveau président. Une nomination qui l'impressionna et dont elle le félicita.

Assis l'un en face de l'autre, tous deux évoquèrent ensuite gaiement des souvenirs de leurs années d'étude. Mais lorsque la conversation prit un tour plus politique, Isabelle Bouali s'étonna des positions de son camarade souvent fort éloignées de celles du parti auquel il était censé appartenir :

— Pour un futur conseiller spécial du nouveau président, je te trouve bien négatif sur la situation du pays, lequel est dirigé, je te le rappelle, par le Centre en marche depuis maintenant quinze ans.

— Attention, Isabelle, moi, je suis attaché à Bolton, je ne suis pas adhérent du Centre en marche et je ne me préoccupe que des faits. Or, de ce point de vue, reconnais-le, la situation de notre pays est très inquiétante. Depuis plusieurs décennies maintenant, notre sécurité, notre identité, nos valeurs et notre prospérité sont gravement mises en cause. La France régresse : elle est en train de devenir un pays de second rang.

— Tu penses à quoi, par exemple ?

Faral cultivait le sens critique et son intelligence acerbe le portait aux débats, aussi est-ce avec fougue qu'il reprit :

— Tiens, sur le plan économique par exemple, l'état du pays est catastrophique. Le mondialisme et le libre-échange intégral ont provoqué une désindustrialisation massive de la France. Un phénomène qui, souviens-toi, devait, d'après les économistes, prendre fin lorsque toutes les industries à faible valeur ajoutée auraient été délocalisées. Mais le processus se poursuit toujours et nos concurrents d'au-delà des mers fabriquent maintenant des objets de haute technologie que nous n'avons même jamais produits chez nous.

— Tu oublies de dire que le recul de l'industrie a été compensé par la croissance des services, fit remarquer Isabelle.

— Oui, les ouvriers livrent maintenant à vélo les produits qu'ils ne fabriquent plus chez nous, répliqua Faral en riant.

— En tout cas, reprit-il, nous sommes maintenant dans une situation de grande vulnérabilité stratégique car, en cas de crise, nous nous retrouvons sous la dépendance des pays exportateurs avec le risque de subir la pénurie ou le chantage.

Faral se tut un moment, puis ajouta que ce libre-échangisme mondial avait parallèlement provoqué un appauvrissement des Français que les gouvernements successifs avaient tenté de compenser en empruntant massivement sur les marchés internationaux, pratique qui, d'année en année, avait entraîné un accroissement inquiétant de la dette de l'État.

— Et le recours à l'emprunt ayant ses limites, conclut Lucas Faral, le niveau de vie des Français ne peut plus être maintenu au niveau artificiellement élevé qui était le sien. Dès lors, le retour à la réalité impose mécaniquement une baisse significative du pouvoir d'achat des Français.

— Tu sembles ignorer tout ce qui a été réalisé par notre parti depuis 2017 pour adapter la France à la mondialisation. Ça n'a pas été facile, mais c'était nécessaire et ce fut bénéfique.

Pour toute réponse, le conseiller spécial du futur président se contenta d'ajouter au tableau qu'il venait de tracer le cercle vicieux qui amenait la France à augmenter sans cesse les prestations d'assistance, lesquelles conduisaient l'État à augmenter les taxes et les impôts, aggravant encore les délocalisations et la baisse du niveau de vie.

— Et tu penses que Bolton va changer radicalement la politique de ses prédécesseurs au point d'améliorer nettement la situation économique ? demanda ironiquement Isabelle.

— Je ne sais pas, répondit Faral, j'observe seulement qu'il connaît mes opinions et qu'il me prend auprès de lui à l'Élysée. D'ailleurs, cette nomination n'est sans doute pas liée aux questions économiques mais plutôt aux problèmes d'immigration et d'insécurité. Peut-être a-t-il besoin d'un conseiller indépendant pour suivre la mise en œuvre des mesures énergiques qu'il a promises aux Français dans ce domaine crucial. Car enfin, Isabelle, ça ne peut plus durer !

De fait, l'insécurité avait atteint en France un niveau de plus en plus insupportable. Les Français savaient maintenant, qu'en sortant de chez eux, ils couraient le risque d'être agressés et parfois même sans raison. Pis, ils commençaient, pour beaucoup, à ne plus se sentir en sécurité chez eux, à leur domicile, ainsi que dans leur voiture. Car une maison ou un appartement pouvait désormais être attaqué tout comme un véhicule pouvait être immobilisé et ses occupants rackettés. Sans parler des émeutes qui éclataient maintenant un peu partout, chaque fois plus audacieuses, chaque fois plus violentes. La police avait certes été renforcée et procédait à des arrestations, mais les juges, toujours aussi laxistes, libéraient les voyous, considérant qu'ils n'obtenaient pas des policiers des preuves suffisantes pour les condamner.

— Oui, c'est vrai, tout cela pose problème, déclara Isabelle Bouali, mais les précédents gouvernements ne sont pas restés inactifs. Les effectifs de la police et de la gendarmerie ont été augmentés et beaucoup de crimes et de délits sont maintenant soumis à des peines plus lourdes.

— Mais Isabelle, tu es complètement à côté de la réalité. Les agresseurs ne sont pas des Français ordinaires, tu le sais, tout le monde le sait, ils viennent des cités, ils appartiennent pour beaucoup au monde issu de l'immigration. Ils sont nombreux à nous détester et certains se réfèrent à l'islamisme radical qui ne songe qu'à conquérir notre pays pour y installer leur civilisation à la place de la nôtre.

— Tu ne vas pas me dire maintenant que l'insécurité nous vient de l'immigration ?

— Hélas, je crains que ce ne soit pas faux. On en parle peu, mais les raids lancés sans raison par des groupes de jeunes qui terrorisent des quartiers tranquilles ou s'attaquent à des rassemblements, voire à des fêtes privées sont de plus en plus nombreux avec bien souvent comme mot d'ordre : mort aux blancs ! Et je te le dis, on ne pourra jamais faire face à cette menace si on n'arrête pas le flux de cette immigration massive que personne ne maîtrise plus.

Isabelle ne répondit pas car le train venait de s'arrêter brutalement en rase campagne. Alors qu'une bousculade et des cris de panique emplissaient le wagon voisin, Isabelle Bouali assise face à la porte de communication vitrée aperçut alors deux individus venant de l'autre wagon courir dans sa direction pour s'arrêter face à la portière donnant sur les voies, l'ouvrir et quitter la rame en courant à travers champs. Puis, juste derrière eux, arrivèrent des agents de la SNCF. Peu de temps après, une annonce informa les voyageurs que deux hommes, montés dans le train à la station précédente, avaient commencé à racketter les voyageurs sous la menace d'un couteau mais avaient été très vite mis en fuite par les agents de sécurité. « Le train doit cependant rester immobilisé, expliqua le chef de train, le temps que les enquêteurs examinent les lieux et interrogent les témoins. »

— Une illustration de ce que je te disais : même les chemins de fer ne sont plus sûrs, déclara Faral.

— Mais aussi un bon exemple à l'appui de ma réponse : le gouvernement n'est pas resté inactif, il a placé des agents de sécurité dans les trains qui, dans le cas présent, ont vite mis fin au désordre, répliqua Isabelle, encore choquée par la cavalcade des deux voyous qu'elle avait cru voir foncer sur elle.

Faral, très calme, reprit la conversation et changea de sujet, évoquant cette fois le système éducatif devenu, selon lui, d'une indigence totale. Il indiqua que le niveau général des élèves français, qui se situait aujourd'hui au 57e rang mondial, faisait honte à notre pays.

— Et comment en serait-il autrement, s'exclama-t-il, avec un système qui refuse les valeurs d'excellence, n'assure plus la transmission du savoir et devient le champ clos des affrontements communautaires ? Tout est à reconstruire, y compris dans le secteur universitaire.

Faral s'arrêta et regarda son ancienne camarade, sentant monter en elle la désapprobation et même la réprobation.

— Mais bon sang, Isabelle, tu n'es pas choquée par exemple de l'entreprise de destruction systématique de nos valeurs qui est menée depuis dix ans maintenant dans tous les secteurs de la culture ?

— Tu veux parler du mouvement Nihilo ?

Isabelle Bouali faisait référence à l'organisation « woke » qui cherchait à faire disparaître le souvenir de tout ce qui avait fait la grandeur passée de la France et de l'Europe, au point par exemple que, pour ses militants, l'histoire de France n'était plus qu'une succession ininterrompue de crimes et de méfaits.

— Oui, répondit Faral. Nihilo est l'expression morbide d'une volonté de suicide collectif qui semble toucher de plus en plus de Français. Regarde l'intérêt que suscite le prétendu « devoir de repentance » dont les médias se font l'écho en permanence.

— C'est vrai, concéda Isabelle, cette journée « Cendres et Remords» organisée chaque année en présence des médias est d'un mauvais goût morbide.

— Ah ! je suis heureux que tu le reconnaisses. Mais il n'y a pas que ça ! Il y a aussi, par exemple, l'obsession de l'égalité intégrale entre l'homme et la femme, poursuivit Faral.

Conscient d'avoir été un peu pressant, ce dernier fit une pause pour laisser Isabelle Bouali lui répondre. Celle-ci, qui ne s'attendait pas à entendre des propos aussi incisifs et incorrects dans la bouche du conseiller spécial du nouveau président, lui répondit de façon tout aussi directe :

— Tu m'étonnes beaucoup, Lucas ! Quand tu t'exprimes comme cela, j'ai parfois l'impression d'entendre un représentant de Patria plutôt qu'un conseiller de Jérôme Bolton.

— Mais non, je ne suis pas un disciple de Patria, précisa Faral, rassure-toi ! Encore que Delpin ne dise pas que des inepties.

Faral se tut un moment, regardant le paysage défiler par la fenêtre du train qui avait repris sa vitesse de croisière.

— Mais, encore une fois, je suis inquiet pour notre pays. Sur la scène internationale aussi, nous n'existons plus. Le monde se transforme sous nos yeux, de nouvelles puissances émergent et notre diplomatie s'occupe de changement climatique et d'état de droit...

— Et alors, riposta Isabelle Bouali, ce sont des dossiers importants.

— Certes, mais ce qui est grave, répliqua Faral, c'est que nous subissons le choc des civilisations sans nous organiser pour y faire face, sans même être conscients qu'il existe. Pourtant, chaque civilisation dans le monde est portée par une puissante force politique, sauf la nôtre qui est la seule à ne pas disposer de quoi se défendre et se protéger alors que c'est elle qui est la plus menacée.

— Tu sembles oublier l'Union européenne, répliqua Isabelle, l'air un peu excédé.

— Tu plaisantes, l'Europe, régie par la Commission de Bruxelles, est immobilisée depuis des décennies dans ses structures bureaucratiques et oligarchiques et poursuit toujours un projet mondialiste sans voir que celui-ci n'est qu'une utopie occidentale rejetée par le reste du monde.

Le train approchait de Paris et ralentissait déjà. Isabelle Bouali émit une dernière protestation :

— Lucas, je connais la doctrine du Centre en marche puisque j'y ai des responsabilités locales. Elle n'a rien à voir avec ton discours et je n'ai jamais entendu Jérôme Bolton parler comme tu le fais. Vraiment je ne comprends pas ta nomination, c'est un canular, c'est ça ?

Lucas Faral répondit que Bolton n'attendait pas de lui qu'il lui serve le prêchi-prêcha politiquement correct qu'il connaissait et maîtrisait parfaitement tout seul.

— Cela dit, rassure-toi, Isabelle, il arrive très fréquemment qu'il soit en désaccord avec moi et qu'il rejette mes conseils.

Le train arriva à Paris avec deux heures de retard. Les deux anciens camarades descendirent sur le quai et se quittèrent, Lucas Faral laissant Isabelle en proie à une profonde perplexité.

Chapitre 3

À l'ombre des Invalides

L'appartement était magnifique. Vaste et haut de plafond, décoré de marbre et de boiseries, meublé de pièces rares, les murs couverts de tableaux de maître, il exprimait la richesse et le bon goût. Situé dans le septième arrondissement de Paris, il était l'une des propriétés de Tancrède Cabois. Celle où il résidait lorsqu'il n'était pas à New York, à Londres ou à Shanghai. C'est là aussi que se réunissait régulièrement un petit groupe de ses amis, tous concernés par la bonne marche du monde et notamment de la France.

En ce 27 mai 2032, le dîner venait de s'achever mais la soirée se poursuivait dans la bibliothèque, un lieu plus intime où figuraient en bonne place de nombreuses photos du maître de maison avec tous les grands de ce monde. Par la porte-fenêtre se dessinait, brillamment illuminé le dôme des Invalides, mais personne n'y prêtait attention. Enfoncés dans de vastes fauteuils, les convives avaient engagé une discussion qui, si elle restait d'apparence mondaine, n'avait plus rien d'anodin.

— Maintenant, c'est sûr, Rastoin sera jugé et restera sous contrôle judiciaire, lança Cabois. Je ne comprends pas qu'on ait été incapable d'éviter un tel cafouillage !

— Moi non plus, observa Jacques Karamenti, un théoricien du mondialisme qui écrivait des livres, donnait des conférences et passait à la télévision un peu partout dans le monde.

— Apparemment, Bolton tient la route, ajouta-t-il. Mais va-t-il jouer le jeu avec nous ?

Léo Smarda écoutait, l'air de plus en plus agacé, les observations acerbes de ses interlocuteurs. À la tête d'un groupe de médias impressionnant, il disposait d'une puissante machine pour diffuser des idées, créer des courants d'opinion, transformer des incidents en faits majeurs, discréditer des personnages gênants, étouffer des événements déplaisants ou propulser un proche sur le devant de la scène, lui-même restant toujours en retrait.

— Nous avons déjà parlé de tout cela, finit-il par déclarer. Il semble que les charges contre notre ami soient réelles et, vous le savez, la victime nous échappe complètement. On ne pouvait rien faire de plus, ni moi ni Albert.

Ce dernier se contenta d'acquiescer d'un signe de tête, puis Smarda reprit :

— L'important maintenant c'est Bolton. Or, jusqu'à présent il a parfaitement manœuvré. Sa campagne législative est bien menée. Il fait ce qu'il faut pour rassurer les Français à propos de l'insécurité et, tous les sondages le prouvent, il va réussir à se doter d'une majorité parlementaire. Que voulez-vous de plus ?

— Tout cela est vrai, mais on ne peut pas dire que Bolton soit totalement sûr, répliqua Karamenti. Son entourage immédiat paraît même inquiétant. Je pense à son épouse qui m'a dit sur son mari quelque chose de préoccupant : d'après elle, « il serait, au fond, très honnête et très droit ». En plus, il y a maintenant ce conseiller spécial qu'il a nommé dès sa prise de fonction, un certain Faral, qui serait, semble-t-il, plus à sa place chez Delpin que chez notre ami.

Lucas Faral se situait en effet nettement plus à droite que son patron, lequel le moquait plus qu'il ne le tançait pour cette singularité. Car l'intéressé était non seulement son ami mais le seul collaborateur en qui il eût une confiance totale.

— Je ne sais rien de ce Faral, reprit Cabois. En revanche, le secrétaire général de l'Élysée, Pierre Burgot, est l'un de nos amis et il aurait, me dit-on, gagné la confiance du président de la République.

— Permettez-moi d'insister, déclara Karamenti, mais Bolton m'inquiète. C'est vrai, il a parfaitement rempli sa mission jusqu'à présent. Mais, vous le savez, il veut faire voter dès la rentrée parlementaire un projet de loi portant sur l'insécurité et l'immigration intitulé "Remise en ordre". Or, ce projet, qui était présenté lors de son premier conseil des ministres, est sur bien des points contraire à l'état de droit.

— Oui, abonda Smarda, ce serait même la reprise mot pour mot de son programme électoral. Programme qui, je vous le rappelle, avait fait polémique mais lui avait valu d'être élu.

— On peut malgré tout espérer, déclara Dobias, qu'il prépare ce projet de loi pour gagner les élections législatives mais qu'une fois assuré de sa majorité, il l'oubliera et mettra en œuvre une version édulcorée de son texte actuel. C'est ce qu'ont toujours fait ses prédécesseurs.

— Très bien, mais s'il ne le fait pas, nous aurons alors un grave problème, martela Karamenti. Or, Martine Laforge, la garde des Sceaux, pense que Bolton est assez naïf pour vouloir tenir ses promesses électorales.

— Écoutez, toutes ces supputations ne sont que vaines conjectures, lança Cabois. L'important est que je vais pouvoir reprendre contact avec Rastoin, lequel a toujours le contact avec Bolton.

Cabois s'arrêta car un autre membre du "cénacle" venait de faire son entrée dans la bibliothèque.

— Bonsoir, Vincent, lança-t-il, asseyez-vous. J'avais prévenu nos amis que vous arriveriez après le dîner.

— Oui, j'arrive de New York à l'instant. J'y ai vu pas mal de monde et je dois dire que la situation en France préoccupe beaucoup mes interlocuteurs.

Vincent Speedom n'était pas français mais de nationalité américaine. Il avait cependant beaucoup investi en France où il résidait une bonne partie de l'année. De loin le plus fortuné de tous les membres du petit groupe, il subventionnait largement de nombreuses initiatives, associations ou personnalités qui œuvraient pour ce qu'il appelait la liberté. Un concept qui, selon lui, comprenait la liberté sociétale et la liberté économique.

Lorsqu'il se fut assis, il eut aussitôt l'attention de tous. Les amis de Cabois considéraient en effet la France comme une partie d'un tout et, s'ils se sentaient concernés par ce qu'elle devenait, c'est au monde qu'allait leur appartenance, en tout cas au monde qu'ils fréquentaient, celui de l'économie mondialisée où les Américains jouaient encore le premier rôle.

Speedom énuméra les différents contacts qu'il avait eus outre-Atlantique. Une liste de dirigeants de grands groupes parmi les plus influents à Wall Street.

— Tous mes interlocuteurs m'ont interrogé sur l'état de la France et plus particulièrement sur la question de l'immigration et de l'insécurité. Ils redoutent une déstabilisation du pays, voire une révolution ou une guerre civile. Je leur ai dit qu'on n'en était pas encore là, mais les images de violence que les médias américains diffusent régulièrement sur la France conduisent souvent là-bas à une appréciation exagérément négative de la situation.

— Il faut reconnaître qu'il y a objectivement matière à se poser des questions, déclara Cabois. Le Centre en marche a certes gagné l'élection présidentielle mais l'extrême droite, si elle n'était pas diabolisée par nos soins, pourrait devenir un vrai problème. Sans parler de la menace islamique et des effets déstabilisants de la vague migratoire qui s'amplifie. Vous avez vu que l'élection municipale de Draponne vient d'être annulée et tout laisse à croire que, cette fois, la liste islamique va l'emporter. Or, Draponne, c'est plus de quatre-vingt mille habitants !

— Cela ne nous concerne pas, coupa Éric Dobias, le patron d'une grande société multinationale d'origine américaine.

Très brillant dans sa partie, mais fermé à ce qui ne relevait pas de son domaine, l'homme, d'aspect ordinaire, se piquait de réduire toutes les difficultés à deux options antagonistes entre lesquelles il fallait trancher avec brutalité.

— L'important c'est l'économie, et ce sont nos entreprises. Or, les populations nouvelles élargissent nos marchés et, que je sache, un consommateur musulman ou chrétien c'est du pareil au même. Nous savons tous par ailleurs que les immigrés nous apportent une main-d'œuvre plus souple et moins coûteuse dont notre système de production a encore besoin et je pense là à tous nos sous-traitants vers qui nous avons externalisé nos coûts. Donc l'immigration nous est bénéfique. Si maintenant elle pose problème, que les politiques fassent ce qu'il faut pour régler ça, mais sans réduire les flux !

— Je suis assez d'accord avec Dobias, déclara Karamenti. La mondialisation économique doit être sous-tendue par une mondialisation ethnique et, à cet égard, le maintien d'un fort courant migratoire dans tous les pays occidentaux garantit la poursuite du processus de globalisation.

— Certes, répliqua Smarda, mais nous avons aussi besoin de stabilité pour nos affaires. Or, le communautarisme musulman pourrait conduire à des troubles pour le moins préjudiciables. Sans compter la montée de la violence quotidienne largement due à cette immigration incontrôlée et non assimilée. Il va bien falloir que Bolton fasse quelque chose !

— Je ne crois pas que notre ami Dobias ait dit le contraire. Il faut que Bolton prenne un minimum de mesures pour calmer le jeu, affirma Speedom. Pareil pour la sécurité ! À condition bien sûr que cela ne mette pas en cause l'état de droit.

Speedom s'arrêta un instant comme s'il réfléchissait, puis reprit :

— D'ailleurs, pour l'immigration, je pense personnellement qu'il ne s'agit que d'un problème de temps. Il faut du temps pour que les Français s'habituent à ce changement démographique d'envergure. Donc, que Bolton gagne du temps. Qu'il fasse comme ses prédécesseurs : beaucoup de paroles en l'air, un peu d'action en surface, aucun changement de fond.

— Et à ce sujet, je pense qu'il doit en rester au discours habituel sur le vivre ensemble, déclara Cabois. Pour travailler l'opinion, les mots ont souvent plus de force que les réalités, à condition de ne pas en changer trop souvent.

Karamenti approuva :

— Oui, cette formule peut encore servir. Et quand elle ne marchera plus, on trouvera autre chose, on trouve toujours.

La conversation s'interrompit brutalement, un majordome venait d'entrer pour glisser quelques mots à l'oreille de Cabois, lequel s'excusa et sortit.

— Nous avons un problème, lança-t-il en revenant. C'était Bertrand Rastoin, il est furieux contre Bolton qui, me dit-il, est en train de lui échapper. Je vois notre ami dès demain matin.

L'annonce fut suivie d'un long silence. Mais Cabois, qui était un homme de sang-froid, s'efforça de rassurer ses hôtes :

— Il n'y a pas lieu de s'inquiéter outre mesure. Rastoin est actuellement très à cran. Je suis convaincu qu'il n'a pas encore compris qu'il ne peut plus traiter Bolton comme son adjoint. L'autre est maintenant président de la République et il a dû vouloir le faire sentir à notre ami. Je vais arranger ça.

— Je l'espère, reprit Dobias, car il avait été convenu avec Rastoin qu'un programme de libéralisation économique et de réduction massive des dépenses publiques serait mené de façon prioritaire. Est-ce que Bolton va tenir cet engagement ?

— À priori oui, déclara Cabois. Mais il faut attendre qu'il ait pris ses marques et dispose d'une majorité parlementaire. De toute façon, nous avons toujours la main. N'est-ce pas, Albert ?

Albert Larchant ne parlait pas beaucoup, comme si son importance se mesurait à l'aune de ses silences. Cadre dans une compagnie d'assurance, il était sans doute le plus puissant des Français présents, car, au-delà de son poste de salarié modeste, il était l'un des hommes clefs de ce qu'il appelait la confrérie.

— Oui, rien n'a changé, le directeur du trésor, le secrétaire général de l'Élysée, le directeur de cabinet du ministre de l'Économie, celui du Premier ministre aussi sont des nôtres et bien d'autres encore. Je m'en porte garant, on pourra compter sur eux.

— La conjoncture n'est quand même pas facile, déclara Karamenti. Il faut donc être intransigeant sur l'essentiel, c'est-à-dire sur l'état de droit. Car l'état de droit c'est la garantie que le système politique ne sortira pas des limites que nous lui imposons. Si l'état de droit saute, les politiques pourront faire ce qu'ils veulent et tout l'édifice que nous avons construit sous le label du politiquement correct s'effondrera.

— Ce que vient de dire Jacques est très important, déclara Cabois, car j'ai là la preuve que l'extrême droite a compris le rôle stratégique de l'état de droit et semble vouloir le contester.

— C'est nouveau ça ! D'où tirez-vous cette information ?

— J'ai là un article paru récemment dans une revue de Patria, je vous lis la phrase de conclusion : « Pour redresser la France, il nous faudra au préalable trancher le nœud gordien de l'état de droit ! »

Karamenti donna l'impression d'avoir reçu un coup.

— Je vous lis le début : « L'expression "état de droit" est ingénieuse car au premier abord elle fait référence au cadre propre à toute démocratie, mais au-delà elle fait du droit l'objet sacré de la démocratie, un objet que les politiques ne peuvent plus ni modifier ni appliquer sans le consentement des juges qui sont les grands prêtres de ce nouveau culte. »

— Belle formule ! déclara Smarda.

— Et ceci également, reprit Cabois : « Le pouvoir législatif est sous la coupe du Conseil constitutionnel qui peut censurer les lois qu'il adopte. Quant à l'exécutif, il est dominé par la juridiction administrative française et deux instances européennes qui peuvent invalider les décisions qu'il prend. Le pouvoir politique est soumis au pouvoir judiciaire. »

— Et où veulent-ils en venir ? demanda Karamenti, piqué au vif.

— Tenez, lisez par vous-même, lança Cabois, en faisant passer la revue à son interlocuteur qui la prit et parcourut l'article.

— C'est exact et bien vu, dit-il, écoutez donc ça : « Le droit, contrairement à son apparence impartiale, n'est pas neutre. En l'occurrence, le droit qui prévaut en ce milieu du XXIe siècle est celui qu'en ont fait les juges. Il défend les intérêts particuliers contre l'intérêt général et les minorités contre la majorité. C'est une machine de guerre pour détruire la nation. »

Karamenti, qui avait beaucoup contribué à théoriser la stratégie de l'état de droit, lisait ces phrases venant d'un ennemi comme un hommage à sa personne. C'est donc avec une grande excitation qu'il poursuivit sa lecture commentée.

— Ça aussi, c'est tout à fait juste : « L'état de droit, c'est le droit qui neutralise l'action du politique alors que le droit devrait être un outil au service du politique. »

— Mais qu'est-ce que votre gars propose pour contrer notre dispositif ? demanda Dobias, un peu préoccupé.

— Pas grand-chose, ah si, écoutez ça : « L'état de droit, c'est cet écheveau juridique et juridictionnel qui enserre les politiques dans les limites du politiquement correct et les rend impuissants à répondre aux aspirations des Français. Heureusement, ce système oppressif ne tient que parce qu'il est invisible. Dénonçons-le, montrons-le aux Français et il tombera ! »

Le silence s'abattit un moment sur la petite assistance, finalement rompu par Dobias :

— Il n'y a pas lieu de paniquer. Nous n'avons pas en face de nous que des imbéciles et il n'est pas étonnant qu'ils aient fini par comprendre comment nous procédons. Mais cela ne les rend pas plus forts. Alors que nous, ça nous permet de repérer nos adversaires les plus dangereux.

— L'auteur de l'article, déclara Cabois, est un certain Bastien Belfort.

— Un homme à suivre, assurément, lança Speedom.

— En tout cas, cet article montre combien il faut rester vigilant, déclara Karamenti en se tournant vers Smarda.

— Mon groupe œuvrera au maximum de ses possibilités, déclara celui-ci, n'ayez pas d'inquiétude. En particulier, s'agissant de Bolton, les médias qui l'ont fait élire lui facilitent la tâche ou au contraire lui rendront la vie impossible selon la voie qu'il empruntera.

Et, avec un sourire cynique, il ajouta :

— Il comprendra vite quelle est la voie à suivre. Ils l'ont tous compris !

Chapitre 4

Le cheikh et le caïd

Depuis la victoire de la liste islamique à l'élection communale de Draponne, l'hôtel de ville et la place de la mairie avaient complètement changé d'aspect. Dès le soir de l'élection, une foule compacte d'électeurs et de supporters de l'équipe gagnante avait envahi la place et pénétré dans le bâtiment, occupant le hall, la salle du conseil et de nombreux bureaux. L'administrateur provisoire, qui remplaçait le maire sortant après l'annulation du scrutin précédent, n'avait pas pu obtenir de la préfecture que la police fît évacuer les lieux et avait dû plier bagages dans l'urgence sous la pression d'une foule qui, certes, ne manifestait pas d'agressivité, mais dont la liesse était débordante. Le nouvel élu lui-même avait dû faire appel aux gros bras de son équipe de campagne pour dégager son bureau et ceux de ses proches collaborateurs.

Aussi, lorsque le cheikh arriva sur la place de la mairie, en ce 29 juin 2032, se crut-il transporté comme par magie dans le monde qui était le sien. La place s'était en effet transformée en souk. Des marchands en tenue du Maghreb s'étaient installés spontanément devant l'hôtel de ville, créant des allées et bricolant des étals où l'on trouvait de tout, depuis les produits alimentaires jusqu'aux appareils ménagers en passant par les coiffeurs, les agences de télécom et les salons de thé. Le cheikh traversa le marché et, lorsqu'il entra dans la mairie, le spectacle qui s'offrit à lui n'était guère différent. Ce n'était certes pas des marchands mais une foule exotique, mouvante et bruyante qui occupait les lieux. De nombreux hommes en djellaba ou tunique longue palabraient dans le hall d'entrée. D'autres, installés en cercle dans une salle annexe, semblaient écouter l'un des leurs assis sur des coussins à même le sol. D'autres encore, très agités, arpentaient les couloirs, descendaient ou montaient des escaliers, portant des dossiers et criant à droite ou à gauche avec autorité.

Le cheikh s'assit sur un banc dans le hall d'entrée et attendit. Il avait beaucoup voyagé dans le monde et connaissait bien l'Europe. Aussi était-il surpris de ce qu'il voyait autour de lui car nulle part ailleurs il n'avait vu une telle métamorphose culturelle et ethnique. Ici en effet, que restait-il de la France ? Des noms de lieux ? Mais pour combien de temps encore ? Une architecture ou, disons, une allure des bâtiments ? Certes, ils n'avaient pas été transformés dans leur structure, mais la manière dont les nouveaux occupants les habitaient en modifiait l'aspect. Ici c'était le linge qui séchait sur tous les balcons, là c'étaient des panneaux publicitaires en arabe qui cachaient la façade. Et le résultat des élections municipales, qui avait fait élire quasi exclusivement des hommes ou des femmes d'au-delà de la Méditerranée, illustrait parfaitement le fameux grand remplacement, objet de tant de débats.

Alors, certes, la ville de Draponne représentait un cas exceptionnel. Elle était cependant le signe qu'en juin 2032 le phénomène de l'immigration avait atteint pour les Français un niveau d'autant plus insupportable que les gouvernements qui se succédaient semblaient complètement impuissants. Débordés par des migrants arrivant au rythme de sept cent mille par an, ils ne parvenaient plus ni à les accueillir ni à les renvoyer.

Le cheikh ne se trouvait donc pas là par hasard. Les siens, avec qui il avait décidé de ce voyage, pensaient que des bouleversements d'envergure devraient tôt ou tard survenir en France. Aussi voulaient-ils en savoir plus sur la situation réelle du pays et renouer avec le milieu islamiste français. Mais pour ce faire, ils recherchaient un contact sûr issu de la base. Un homme pieux et puissant, indépendant et courageux, qui pourrait le moment venu lancer une action qui plaise à Allah.

L'homme, avec qui le cheikh avait rendez-vous à la mairie de Draponne, pouvait répondre à ces attentes, aussi est-ce avec attention qu'il observait tous ceux qui franchissaient le grand portail d'entrée. Au bout d'un moment il le vit arriver et s'immobiliser sur le seuil. Vêtu à l'européenne d'un pantalon et d'une veste, il était suivi de loin par plusieurs individus à la mine patibulaire. Après avoir observé longuement les lieux puis regardé attentivement le cheikh, celui qui répondait au nom de Bachir Maklouf marcha finalement vers lui. Quand il l'eut rejoint, le cheikh lui posa une question à laquelle il sut répondre. Il s'ensuivit un échange assez long en arabe puis le cheikh se leva et suivit son interlocuteur. Les deux hommes, encadrés discrètement par les quatre gardes du corps, sortirent de la mairie et prirent une petite rue de traverse pour retrouver deux grosses voitures noires dans lesquelles ils montèrent et quittèrent la ville en direction de la cité des Trois Têtes dans le sud-ouest de la banlieue lyonnaise.

Après une demi-heure de route, la voiture s'arrêta, bloquée par une sorte de poste de contrôle installé à l'entrée de la cité et gardée par des hommes armés. Les autres voies d'accès avaient été fermées par des voitures abandonnées et toutes sortes d'objets volumineux, créant ainsi des barricades infranchissables qui isolaient la cité du reste du monde.

Depuis cinq ans environ, la plupart des cités du pays autrefois qualifiées de sensibles avaient été ainsi coupées du territoire français par les bandes qui les avaient investies, souvent après des règlements de compte sanglants. Ne pouvaient plus dès lors franchir ces postes de contrôle que les habitants et ceux qui avaient obtenu l'aval du caïd. Ceux qui se présentaient pour acheter de la drogue étaient, quant à eux, dirigés vers un espace spécial, dans une voie latérale où les dealers les approvisionnaient, sous la protection et le contrôle des hommes du caïd.

Les Français de souche avaient fui ces cités au fur et à mesure qu'elles se fermaient, les abandonnant aux membres de la communauté africano-arabo-musulmane. Les occupants des logements payaient leur loyer au caïd qui les reversait moyennant commission aux organismes HLM. Ces derniers s'accommodaient d'un système qui leur facilitait la tâche et qui avait permis de mettre fin aux impayés. Il en allait de même pour l'affectation des logements et les quelques travaux d'entretien qui y étaient encore effectués : tout était traité avec le caïd et ses hommes, lesquels avaient ainsi le contrôle absolu de cette portion du territoire français désignée dorénavant du nom parfaitement approprié de cité interdite. Aucun service public n'y pénétrait sans l'accord préalable du caïd, mais, en contrepartie, les interventions sur les réseaux ou pour les secours s'effectuaient en toute sécurité sous la houlette des sbires du caïd. Quant à la police, elle n'entrait jamais dans ces zones qui lui étaient totalement interdites au risque de provoquer des troubles majeurs qui avaient pris la forme d'affrontements quasi militaires les rares fois où des intrusions avaient été tentées.

La plupart des cités françaises étaient ainsi devenues des quartiers refermés sur eux-mêmes que les autorités toléraient dans la mesure où ils n'étaient plus sources de désordre, l'ordre y étant désormais imposé par les caïds. Des débats avaient régulièrement lieu entre ceux qui, dans la classe politique notamment, considéraient qu'il était bénéfique d'accepter un état de fait qui assurait de façon pragmatique un minimum de paix civile et ceux qui, comme les porte-parole de Patria, estimaient qu'il s'agissait d'une véritable sécession territoriale qu'on ne pouvait accepter à aucun prix.

A l'entrée de la cité des Trois Têtes, les gardes reconnurent Maklouf, le saluèrent respectueusement et ouvrirent le passage. La voiture entra et s'arrêta quelques minutes plus tard au pied d'un immeuble de vingt étages au cœur de la cité. Tous descendirent de voiture et Bachir entraîna le cheikh vers un local aménagé au premier étage de l'immeuble. Les murs étaient couverts de tags. De nombreuses cloisons avaient été sommairement abattues pour relier les appartements entre eux. Les pièces étaient occupées par des individus au visage fermé, pour la plupart affalés dans des fauteuils ou des canapés de récupération. Beaucoup jouaient à des jeux vidéo. Des armes traînaient un peu partout, déposées au sol ou sur des meubles de fortune.

Il était clair que ces hommes jeunes, souvent même très jeunes, qui traînaient autour du caïd, devenaient, lorsqu'ils sortaient dans la rue, de dangereux fauteurs de trouble. Ne reconnaissant que l'autorité du caïd, ils ne se pliaient à aucune règle, ne respectaient aucune loi et contribuaient évidemment à la grande insécurité qui régnait dans le pays. Tel était d'ailleurs le constat des opposants au maintien de ces cités qui estimaient que l'existence de « quartiers réservés » offrait aux malfrats la possibilité de commettre leurs mauvais coups sur le territoire " normal " de la République et d'aller ensuite se mettre à l'abri dans ces zones où la police n'entrait plus. Une pratique qui favorisait l'impunité des délinquants et aggravait encore davantage l'insécurité dans le pays. À cela s'ajoutait le développement du trafic de drogue contrôlé par les caïds. Les cités sécurisaient en effet largement la vente au détail de la drogue, provoquant ainsi une croissance inquiétante de la consommation et, par voie de conséquence, du trafic de stupéfiants.

De plus, pour éviter une trop forte pression policière sur leur activité, les caïds avaient délibérément poussé les jeunes qu'ils contrôlaient à attaquer les policiers. Une action lancée pour neutraliser progressivement le bras armé de l'État, menant ainsi, sans que personne n'en ait pris réellement conscience, une guerre stratégique contre le pouvoir français aux effets dévastateurs. Car, agressés dans l'exercice de leur fonction, comme dans leur vie privée, les policiers se voyaient contraints de se préoccuper non seulement de la sécurité de la population mais aussi de leur propre protection et de celle de leur famille. La peur passait dans leur camp et un nombre croissant d'entre eux multipliaient les arrêts maladie ou choisissaient de démissionner, affaiblissant d'autant les forces de l'ordre qui peinaient à recruter.

Dans la cité des Trois Têtes, Maklouf, son hôte et ses gardes pénétrèrent dans une zone fortement sécurisée. Le cheikh comprit qu'il s'agissait là du quartier consacré au trafic de drogue. Des cloisons vitrées lui firent entrevoir des ateliers où l'on emballait les doses, un autre où l'on comptait les billets de banque. Puis tous s'arrêtèrent au fond d'une grande pièce devant une porte que Maklouf fut long à déverrouiller. Lorsque ce fut fait, les deux hommes entrèrent dans ce qui ressemblait à un confortable appartement.

Bachir Maklouf, qui était le caïd de la cité des Trois Têtes et en était fier, fit signe au cheikh de s'asseoir dans un coin salon aménagé selon le style mauresque.

— Sois le bienvenu chez moi, déclara-t-il d'un ton cérémonieux.

Avec sa stature athlétique et son sourire jovial, l'homme savait se montrer affable avec ceux qui pouvaient lui être utiles ou ceux qu'il craignait. Mais envers ceux qui dépendaient de lui, il pouvait à l'inverse faire preuve d'une grande cruauté. Une ambivalence qui faisait de lui un adversaire redoutable. Beaucoup de ceux qui n'avaient pas vu, derrière son exubérance, l'éclat froid qui passait de temps à autre dans ses yeux, l'avaient payé très chèrement.

Assis en face de lui, le cheikh était d'un physique très différent. Grand, maigre, sec, la face émaciée, on pouvait le croire sortant tout droit du désert. Son regard perçant en imposait et tous ceux qui l'approchaient comprenaient que l'homme était dangereux. Lui, d'ailleurs, ne cherchait pas à susciter la sympathie, il voulait inspirer la peur et imposer le respect.

— Tu sais qui nous sommes et tu sais que je viens pour mieux te connaître et savoir si tu serais digne de nous rejoindre pour servir Allah.

Maklouf acquiesça.

— Montre-moi d'abord combien tu es puissant.

Le caïd fit alors entrer le cheikh dans une pièce attenante à l'intérieur de laquelle était encastrée un énorme coffre-fort. Il l'ouvrit laissant voir un empilement impressionnant de billets de banque soigneusement rangés.

— Il y a là environ dix millions d'euros, souvent plus.

Le cheikh ne commenta pas et retourna dans le salon.

— As-tu pu réunir ce qui t'avait été demandé ? lança-t-il ensuite.

— Oui, tout est ici selon tes désirs.

— Je veux vérifier.

Maklouf entraîna alors son hôte dans un nouveau dédale de pièces aux murs éventrés jusqu'à une grande cour fermée où se tenaient six hommes jeunes et robustes, apparemment désœuvrés.

— Je vais leur parler, dit le cheikh en s'avançant vers le groupe.

Au bout d'un long moment, il revint et demanda à Maklouf où se trouvait le matériel.

— Tout est dans la salle là-bas, avec le technicien, répondit Maklouf.

Le cheikh s'y rendait quand il s'arrêta, se retourna et apostropha le caïd :

— Pour les hommes, ça ira ! Mais il y a un problème avec le jeune Barkhane. Il m'a avoué une faute. Fais-le fouetter, là maintenant : dix coups.

Quand le cheikh ressortit du hangar abritant le matériel, le jeune Barkhane, torse nu, recevait ses dix coups de fouet en silence, la bouche fermée. Le cheikh lui jeta un bref regard puis revint vers Maklouf.

— Nous avons maintenant à parler toi et moi, rendons-nous dans ton salon.

De retour dans les appartements de Maklouf, les deux hommes s'assirent devant une table basse où avait été disposé de quoi faire un repas frugal mais de qualité.

Le cheikh commença par faire parler Maklouf sur des sujets très variés qui n'avaient souvent aucun lien avec ce qui justifiait leur rencontre. Une conversation qui dura plusieurs heures et à laquelle le cheikh mit fin brutalement en déclarant après un moment de silence :

— Maintenant que tu peux te considérer comme l'un des nôtres, tu peux être amené à lancer des actions spectaculaires et violentes pour terroriser les mécréants. Seras-tu prêt?

Maklouf, un peu impressionné, répondit néanmoins avec assurance par l'affirmative.

Le cheikh lui annonça alors qu'il devait l'initier à certaines règles de sécurité, notamment pour communiquer.

— Rien ne doit être écrit. Je ne partirai que lorsque tu auras tout assimilé.

Les deux hommes restèrent encore longtemps ensemble. Lorsque le cheikh se retira, le soleil était déjà haut dans le ciel.

Chapitre 5

Sévères avertissements

— Monsieur le président de séance, faites appliquer le règlement ! On ne peut plus continuer à débattre sous les insultes, cria Sophie Lienard, la députée qui s'exprimait au nom du Centre en marche, le groupe majoritaire à l'Assemblée nationale.

L'intéressée avait déjà dû essuyer des quolibets lorsqu'elle avait saisi le micro et maintenant qu'elle cherchait à parler pour demander le rejet du 439e amendement déposé par l'opposition, un parlementaire siégeant à gauche venait de la traiter de fasciste et de raciste.

Le chef de l'État, qui regardait depuis quelques minutes le débat en direct sur la chaîne parlementaire, éteignit son écran, l'air exaspéré. À ce rythme, lui avait dit le ministre de l'Intérieur, il faudrait près d'une année pour achever l'examen de son projet de loi "Remise en ordre". À l'évidence l'opposition de gauche avait décidé de tout mettre en œuvre pour faire capoter son projet. La plupart des organes de presse avaient par ailleurs délibérément pris parti contre son texte et donnaient la parole aux opposants du gouvernement beaucoup plus qu'à ses soutiens. On accusait l'exécutif de mettre en cause l'état de droit, les valeurs de la République, l'impératif de non-discrimination et, comme Bolton venait de le constater, certains n'hésitaient plus à traiter de racistes les auteurs de ce projet.

Pourtant, depuis son élection, tout s'était plutôt bien passé pour le chef de l'État. Le gouvernement qu'il avait mis en place travaillait avec une relative efficacité, la campagne des élections législatives s'était déroulée sans troubles majeurs et avait apporté à son parti une majorité absolue de trois cent trente-cinq sièges à l'Assemblée nationale, lui assurant ainsi un soutien parlementaire stable pour les cinq années à venir de son mandat présidentiel. Par ailleurs, les opposants au pouvoir étaient scindés en deux camps inconciliables : la droite d'un côté, qualifiée par ses ennemis d'extrême droite, et la gauche, divisée quant à elle en trois partis, l'extrême gauche, les écologistes et la gauche dite raisonnable. Toujours très active au sein de la société, cette dernière n'avait obtenu pour ses trois partis qu'un nombre limité de quatre-vingt-huit députés au total. Alors que Patria, le mouvement de droite, qui représentait avec ses cent trente-huit députés le premier groupe d'opposition à l'Assemblée nationale, ne disposait en revanche d'aucun relais en dehors du Palais-Bourbon.

Si la gauche était engagée dans un combat sans merci contre Bolton, il n'en allait pas de même en ce début de mandature de Patria qui se trouvait dans une position délicate à propos du projet Remise en ordre. En tant qu'opposant au gouvernement, devait-il voter pour ou contre un texte de celui-ci qui reprenait certains points de son propre programme ? S'il votait oui, on pouvait l'accuser de collaborer avec ceux auxquels il prétendait s'opposer. S'il votait non, on pouvait lui reprocher de s'être prononcé contre ses propres idées.

Ce dilemme, son chef, François Delpin, l'avait déjà tranché. « Nous devons faire le choix de ce qui est positif pour la France et de ce point de vue il n'y a pas d'hésitation à avoir : le texte qui nous est proposé n'est certes pas à la hauteur des enjeux mais il va dans la bonne direction et sa mise en œuvre améliorera la vie des Français. Nous devons donc dénoncer ses insuffisances mais nous devons le voter », avait-il déjà confié à ses proches, ajoutant qu'il fallait cependant attendre de voir l'évolution de la situation pour faire avaliser cette position par le parti et la rendre publique.

Le chef de l'État et son gouvernement disposaient donc pour ce texte Remise en ordre d'un rapport de force extrêmement favorable à l'Assemblée nationale ainsi que du soutien de l'opinion publique qui l'approuvait à plus de 65 p. cent. Aussi pensaient-ils pouvoir le faire voter facilement et c'est donc avec une immense surprise et un réel désarroi qu'ils découvrirent l'ampleur des manifestations hostiles qu'il suscitait. Certes, Bolton savait que son projet de loi transgressait plusieurs principes de l'état de droit comme celui de la non-discrimination entre nationaux et étrangers et s'attendait donc à rencontrer des difficultés avec le Conseil constitutionnel, comme on le lui avait d'ailleurs répété aussi bien lors de la rédaction de son programme électoral qu'à l'occasion de la préparation du projet de loi lui-même. Il n'avait cependant pas imaginé qu'il aurait à subir de telles attaques au parlement ni de telles pressions sur sa personne.

La plus insistante était venue, dès la rédaction du projet de loi, par l'intermédiaire d'un certain Tancrède Cabois, l'homme désigné par Rastoin pour assurer la liaison entre lui et le chef de l'État. Désireux d'éteindre la querelle avec l'ancien chef de son parti qui lui avait ouvert la voie vers l'Élysée, le président avait en effet accepté le principe d'un tel contact et voyait donc régulièrement ce chef d'entreprise affable et cultivé. L'intéressé, bien que profondément respectueux de la fonction présidentielle, prétendait cependant s'ingérer dans la politique menée par le président et dans les nominations auxquelles il procédait. Jérôme Bolton, toujours patient et bienveillant, tenait compte dans la mesure du possible des recommandations de Cabois, mais supportait de plus en plus mal cette pression qu'il vivait comme une forme de tutelle.

Aussi, en ce 2 juillet 2032, lorsqu'il fit entrer le chef d'entreprise dans son bureau de l'Élysée, le président, déjà agacé par ce qu'il venait de voir à l'Assemblée, le salua-t-il froidement. Cabois, toujours affable en revanche, remercia le chef de l'État pour le temps qu'il lui accordait et évoqua d'emblée le dossier Remise en ordre.

— Monsieur le président, lors de notre précédent entretien, je vous avais remis une note détaillée qui précisait nos observations concernant le projet de loi relatif à l'insécurité et à l'immigration avant sa mise en débat à l'Assemblée nationale.

— Oui ? répondit le chef de l'État, déjà irrité par l'usage du « nous » dont il ne savait à qui il renvoyait précisément.

— Et alors ? ajouta-t-il un peu provocant.

— Nous savons combien il est important de prendre des mesures énergiques pour améliorer la sécurité et mieux maîtriser l'immigration, répondit Cabois. Mais il ne faut pas pour autant mettre à mal l'état de droit qui est l'un des fondements essentiels de notre République. Or, le texte rédigé par votre gouvernement va au-delà de ce qui est acceptable à cet égard et engendre, comme on pouvait s'y attendre, une très forte opposition, discutable dans ses moyens, mais légitime quant au fond.

— Monsieur Cabois, je ne partage pas votre point de vue, c'est pourquoi, après avoir fait examiner soigneusement votre note, j'ai décidé de ne rien changer au projet du gouvernement et d'engager sans délai la procédure parlementaire.

Cabois prit l'air accablé.

— Monsieur le président, je crains que vous ne couriez à la catastrophe.

— Je ne vois pas, dit Bolton en regardant sa montre, ce qui rendit Cabois furieux.

— Monsieur le président, je n'ai pas, moi non plus, de temps à perdre. Je vous ai apporté une liste d'amendements que votre majorité devrait voter pour rendre le texte conforme à l'état de droit et sauver votre quinquennat. Mais si vous refusez cette bouée de sauvetage, vous courez au désastre et je crois qu'il sera alors inutile que nous continuions à nous voir.

Cabois déposa le document annoncé sur le bureau du chef de l'État et quitta la pièce.

Bolton, un peu choqué, rapprocha aussitôt cet incident de la visite insolite de son amie Fabienne Delbarre, une journaliste de *l'Univers* venue la veille à Bruxelles pour le rencontrer en marge du Conseil européen auquel il participait.

— Jérôme, ton projet de loi qui défraie la chronique va pourrir ton quinquennat. Il faut que tu arrêtes ça tout de suite, avant qu'il ne soit trop tard ! lui avait-elle déclaré d'emblée.

— Je ne vois pas pourquoi je le ferais. J'ai une majorité pour voter ce texte et je bénéficie de surcroît du soutien de nos compatriotes. 57 p. cent des Français sont favorables à notre projet d'après le dernier sondage de Pool Opinion.

— Tout cela est vrai, mais peu importe que tu sois démocratiquement fondé dans ta démarche. Le problème est que tu franchis la ligne interdite. Celle de l'état de droit, du politiquement correct, enfin celle du Système, quoi !

— Oui, je le sais, bien sûr, mais enfin j'ai été élu sur un programme clair et c'est ce programme que je transforme en loi. Je n'ai pris personne par surprise.

— Mais si, car tout le monde pensait que tu ne le mettrais pas en œuvre, ou que tu en appliquerais une version édulcorée comme l'ont toujours fait tes prédécesseurs. Jérôme, il est encore temps de le faire. Déshabille ton texte et sauve ta tête sans vraiment perdre la face.

— Qui t'envoie me dire ça ? lui avait alors lancé sèchement Bolton.

Fabienne Delbarre lui avait répondu sur le même ton :

— Personne ne m'envoie, mais j'appartiens aux médias et je sais que, si demain tu franchis la ligne, non seulement ils ne t'aideront plus mais ils te combattront. Et tu sais ce que ça veut dire d'être la cible des médias même quand on est président de la République ?

— Je n'aime pas ta démarche, Fabienne ! avait rétorqué le président qui s'était alors levé pour ouvrir la porte. Fabienne Delbarre était sortie sans dire un mot de plus.

Troublé par ces pressions, le chef de l'État fit appeler le secrétaire général de l'Élysée pour lui demander son sentiment sur cette affaire. Pierre Burgot se présenta quelques minutes plus tard. L'homme était élégant et distingué. Inspecteur des finances, il incarnait presque jusqu'à la caricature le profil type du haut fonctionnaire de la République. Proche d'Albert Larchant et de sa confrérie, il avait été recommandé par Rastoin avant même le résultat de l'élection. Mais le président lui faisait confiance car Burgot avait l'art de trouver des solutions à toutes les situations et de rendre facile ce qui paraissait difficile.

Le chef de l'État lui remit la note de Cabois en lui demandant ce qu'il en pensait. Burgot la parcourut d'autant plus rapidement qu'il en avait déjà reçu une copie.

— À première vue, tout cela n'est pas sans fondement.

— Mais si l'on suit ces recommandations, s'exclama Bolton, il ne reste plus rien du projet. Et si on fait voter un projet amputé, ce sera comme donner un coup d'épée dans l'eau.

— Peut-être, mais si le projet est amputé après le passage devant le Conseil constitutionnel, cela reviendra au même, avec une défaite politique en plus.

— Mais, vous le savez, ce projet ce sont mes engagements électoraux. Si je ne cherche pas à les mettre en œuvre, ce sera non pas une défaite mais un renoncement politique, ce qui est encore plus grave.

— C'est un dilemme qu'ont connu plusieurs de vos prédécesseurs, monsieur le président : porter atteinte à l'état de droit ou renoncer à certaines promesses électorales.

— Ah oui ? répondit interrogateur le chef de l'État.

— Et je dois dire qu'ils ont tous fait le choix de respecter l'état de droit. À juste raison, ajouta-t-il, car mettre en cause ce principe, c'est aller au-devant des pires difficultés.

Lorsque Burgot se fut retiré, le chef de l'État resta pensif, préoccupé de la tournure que prenaient les événements. Une inquiétude qui s'accrut encore lorsqu'on lui annonça que le Premier ministre souhaitait le voir de toute urgence.

Théo Larsen avait une longue carrière politique derrière lui et l'expérience qui était la sienne comme la connaissance qu'il avait des hommes donnaient à son visage une expression souvent teintée d'ironie et de lassitude. Il n'en restait pas moins un animal politique dangereux que chacun respectait. Bolton l'avait nommé sur le conseil de Rastoin mais il ne le regrettait pas car Larsen était un excellent Premier ministre sur lequel il savait pouvoir compter. De son côté, Larsen, qui n'avait plus d'autres ambitions à satisfaire, appréciait Bolton pour sa sincérité et sa droiture, deux qualités qu'on ne rencontrait plus que rarement chez un homme politique de ce rang.

Une fois assis, Larsen qui n'avait rien perdu de sa combativité fit part au chef de l'État de sa colère et de son inquiétude :

— J'ai maintenant la confirmation que Martine Laforge joue un double jeu. Non seulement notre ministre de la Justice ne soutient pas notre projet de loi dans toutes les discussions privées qu'elle peut avoir avec les journalistes ou avec les élus du Mouvement, mais c'est elle qui est à l'origine des amendements visant à édulcorer les articles sensibles du projet de loi et que certains de nos députés ont commencé à signer.

Et le Premier ministre d'ajouter :

— Je pense que cette dissidence va faire la "une" de l'info dès ce soir !

— Mais c'est une trahison pure et simple ! déclara Bolton indigné qui ajouta, après quelques instants de silence, maîtrisant sa colère :

— C'est le Système qui nous attaque, Théo.

— Monsieur le président, nous ne pouvons plus continuer à traiter cette affaire selon la procédure normale initialement prévue. Il faut une reprise en main énergique.

— Je le pense en effet.

— Sauf évidemment si vous voulez reculer. C'est encore possible : il nous suffit d'annoncer que les amendements qui circulent ont reçu l'accord du gouvernement. Nous serons un peu chahutés mais dans deux mois tout le monde aura oublié.

Jérôme Bolton resta longtemps silencieux. Il savait que cette décision était sans doute la plus importante de sa vie politique. Mais l'option de la reculade le révulsait et c'est comme s'il se jetait à l'eau qu'il répliqua d'une voix forte :

— Tout le monde aura oublié sauf les Français qui continueront de subir les méfaits de l'insécurité et de l'immigration. Non, il n'est pas question de reculer.

— Alors, dans ce cas, dit Larsen, il faut limoger Laforge et nommer un nouveau garde des Sceaux. Vous devez aussi reprendre en main le groupe des députés, quitte à exclure quelques réfractaires. Et surtout, il est impératif de sortir au plus vite du débat parlementaire qui s'enlise.

En d'autres termes, Larsen proposait au président de la République de faire adopter le projet Remise en ordre sans un vote de l'Assemblée nationale. Pour ce faire, le Premier ministre devait engager la responsabilité du gouvernement en activant l'article 49.3 de la Constitution. Le débat serait alors interrompu et le projet de loi considéré comme adopté si une motion de censure contre le gouvernement n'était pas déposée et votée par une majorité absolue de députés. Ce qui en l'occurrence ne pouvait pas se produire car les oppositions, même rassemblées, étaient minoritaires.

— Le 49-3 ? répondit cependant Bolton. Vous savez que les députés n'aiment pas être privés de leur vote et que les médias considèrent cette procédure comme antidémocratique ?

— Tout cela est vrai, mais il vaut mieux éviter un décompte de voix. Imaginez que tous les amis de Martine Laforge votent contre notre projet et que celui-ci soit finalement validé grâce aux voix de Patria ?

Contrairement à beaucoup de membres du Centre en marche, Jérôme Bolton n'aurait pas été personnellement gêné de faire adopter son projet de loi avec le soutien de Patria, mais il savait que cette configuration aurait jeté encore plus de trouble dans les rangs de la majorité et au-delà dans les médias. Aussi donna-t-il son accord à Larsen et, trois jours plus tard, le projet de loi Remise en ordre était considéré comme adopté par l'Assemblée nationale.

Chapitre 6

Des propos irréparables

Lorsque le président de la République pénétra dans la Salle des fêtes de l'Élysée, le brouhaha cessa brutalement. La plupart des journalistes présents se levèrent alors que d'autres restaient ostensiblement assis. Jérôme Bolton monta sur l'estrade et alla se placer derrière un pupitre marqué du sceau de la présidence de la République. Dans la salle, décorée de dorures et de lourdes tentures où prédominaient le rouge et l'or, se tenaient près de trois cents journalistes aussi bien français qu'étrangers. À droite, un espace avait été aménagé pour le gouvernement, le Premier ministre Théo Larsen occupant le centre, avec, à son côté, Philippe Watringe, le nouveau garde des Sceaux, qui remplaçait Martine Laforge limogée deux semaines auparavant.

Le chef de l'État attendit que tout le monde fût assis avant d'ouvrir la première conférence de presse de son quinquennat. Une conférence qu'il avait voulue très solennelle, à la hauteur des événements qui agitaient la scène politique française. En ce 22 juillet 2032, Jérôme Bolton se trouvait en effet devant une situation de crise : sa loi Remise en ordre, qui avait été adoptée par le Parlement quinze jours plus tôt, venait d'être rejetée en bloc par le Conseil constitutionnel.

Le président ouvrit donc sa conférence de presse par une allocution relativement courte, exclusivement consacrée à cette affaire dans laquelle il rappela sa volonté de mettre en œuvre les promesses faites aux Français lors de son élection et exprima l'incompréhension qui était la sienne de voir une démarche aussi sincère se trouver sanctionnée par le Conseil constitutionnel.

Le chef de l'État s'arrêta là et invita les journalistes à poser leurs questions. Une vingtaine d'entre eux se levèrent en même temps. Bolton désigna un homme au milieu de la salle.

— Léo Vrapenne, de l'hebdomadaire *le Rapide*, monsieur le président, vous n'avez pas été très clair dans votre propos liminaire. Votre projet de loi était au centre de votre programme. Qu'allez-vous faire maintenant qu'il a été rejeté ?

— Eh bien, avec le gouvernement nous allons nous battre pour rétablir la sécurité et maîtriser l'immigration comme je l'avais promis aux Français. Mais nous allons devoir le faire sans l'outil de la loi Remise en ordre, ce qui va rendre très difficile l'action du gouvernement. Si donc les résultats n'étaient pas au rendez-vous, je ne doute pas que les Français sauraient en tirer les conclusions.

Une journaliste au premier rang se leva aussitôt pour une autre question :

— Monsieur le président, Leïla Belkacem de Monde n°2, si j'ai bien compris ce que vous venez de dire à l'instant, vous cherchez à soulever les Français contre le Conseil constitutionnel, l'institution qui garantit nos droits et nos libertés. Appelez-vous à une révolte contre l'un des piliers de la République ?

Jérôme Bolton, qui avait fait toute sa carrière politique au sein du Centre en marche, un parti très politiquement correct, n'était pas habitué à ce genre d'attaques. Pour autant, sachant qu'elles allaient venir, il s'était préparé avec Lucas Faral et son équipe de communication. Il commença donc par rire :

— Vous plaisantez, madame, je n'appelle à rien du tout. Je m'incline devant la décision du Conseil constitutionnel et je suis donc respectueux de la République. Je dis simplement qu'il faut s'interroger sur cette décision car elle semble indiquer que, dans notre pays, le peuple n'est plus réellement souverain puisqu'il ne peut pas agir comme il le souhaite. Il y a au-dessus de lui des instances qui limitent sa marge de manœuvre.

Un murmure réprobateur parcourut la salle, pendant qu'un journaliste d'*Europe-Inter* se levait pour relancer le chef de l'État :

— Vous avez dit « des » instances. Est-ce donc qu'il y en aurait d'autres, selon vous, en plus du Conseil constitutionnel ?

— Cette affaire m'a amené en effet à réfléchir à ce sujet et je crains que la réponse ne soit positive. Oui, il y a notamment la justice administrative avec le Conseil d'État à son sommet qui, bien souvent, décide en dernier recours de ce qu'il convient de faire à la place du gouvernement.

Le chef de l'État marqua une pause. De plus en plus agacé par l'hostilité évidente des journalistes, il pensa à la mise en garde de Fabienne Delbarre et aux injonctions de Tancrède Cabois. Tout se passait en effet comme si leurs menaces étaient mises à exécution. Cette impression d'être ainsi soumis à une autorité invisible mais toute-puissante le remplit de colère. Il se maîtrisa mais, oubliant le politiquement correct, il chercha à faire prévaloir son point de vue :

— Voyez-vous, notre système politique est discrédité et rejeté par un nombre croissant de nos concitoyens qui ont le sentiment que leur vote ne sert à rien puisque, quel que soit le résultat des élections, la politique menée reste globalement la même. Aujourd'hui, je me demande donc si la cause fondamentale de cette situation n'est pas liée au fait que le gouvernement ici présent se trouve sous la coupe d'un autre gouvernement, le gouvernement des juges.

Cette phrase provoqua aussitôt un hourvari dans la salle. De nombreux journalistes se levèrent pour demander la parole.

— Monsieur le président, lança Véronique Baffi de *l'Univers*, en dénonçant le gouvernement des juges vous mettez en cause l'état de droit qui est pourtant l'un des fondements de notre République. Je vous pose dès lors cette question toute simple : entendez-vous oui ou non respecter l'état de droit ?

La question retentit dans l'esprit de Bolton tel le son d'un gong car l'état de droit était précisément la formule clef utilisée par Cabois et par Delbarre. Aussi, éprouva-t-il un sentiment d'oppression et d'encerclement comme s'il avait été attiré dans un piège, mais ce sentiment, loin de l'abattre, attisa au contraire sa colère. Il refusa de répondre par un oui de soumission mécanique et, balayant toute prudence, décida de riposter :

— Madame, quand on y regarde de près, on s'aperçoit que cette notion d'état de droit n'existe ni dans la Constitution ni dans aucune loi. Il s'agit en réalité d'une formule idéologique d'ailleurs récente dont le sens est volontairement ambigu. Au premier abord elle renvoie à la nécessité pour notre pays de disposer d'un cadre constitutionnel et législatif, ce qui est une évidence pour tout le monde. Mais au-delà, elle exprime l'idée que l'État doit être soumis au droit, en somme que le pouvoir législatif et le pouvoir exécutif doivent être subordonnés au pouvoir judiciaire. Cela, je le refuse car dans une démocratie le droit doit être un instrument au service de l'État pour conduire la politique voulue par le peuple. Ce sont donc l'exécutif et le législatif qui doivent être à l'origine des lois et le judiciaire qui doit les faire appliquer. Si cet ordre n'est pas respecté, si le pouvoir judiciaire contrôle l'élaboration des lois, comme le fait le Conseil constitutionnel, c'est alors un gouvernement des juges qui se met en place, un système contraire à la démocratie.

La salle émit cette fois un mugissement d'indignation et de protestation. Certains journalistes se levèrent pour lancer une réplique au chef de l'État, d'autres prirent leur téléphone pour alerter leur rédaction, d'autres encore demandèrent la parole.

Sans se laisser impressionner par cette bronca, Jérôme Bolton attendit que le calme fût revenu, puis, comme apaisé, il donna la parole à Kevin Serabi de la chaîne de télévision TV1 :

— Monsieur le président, dans toute cette affaire de loi Remise en ordre, vous avez pu compter sur le soutien de Patria. Et vous venez maintenant de contester l'état de droit comme le fait M. Delpin depuis des années. Êtes-vous en train de basculer à l'extrême droite ?

— Monsieur Serabi, répondit le président qui avait repris la pleine maîtrise de ses émotions, il est vrai que Patria a soutenu notre projet de loi en expliquant d'ailleurs que, s'il allait dans le bon sens, son contenu était très insuffisant. Mais nul n'est comptable des opinions de ceux qui le soutiennent et au demeurant nous n'avons rien demandé à Patria. De même que, si M. Delpin dit quelque chose de juste, par exemple sur l'état de droit, je ne vais pas dire le contraire simplement pour me démarquer de lui.

Samuel Perrier, d'Info News, fut ensuite invité à poser sa question :

— Monsieur le président, depuis maintenant un mois on a pu recenser deux assassinats de prêtres catholiques et trois incendies d'églises, sans compter de nombreuses profanations. Que comptez-vous faire à ce sujet ?

— Il s'agit d'actes ignobles qui sont le fait à n'en pas douter d'éléments islamistes que je condamne avec la plus grande fermeté. Des moyens importants ont été mis en œuvre pour protéger les églises et les prêtres. Mais il est clair qu'il ne s'agit pas là de simples faits divers. Ces crimes odieux révèlent que certains ont engagé contre nous sur notre sol non pas une guerre de religion mais une guerre de civilisation. Le christianisme est une composante importante de notre identité nationale. S'en prendre au catholicisme, c'est donc s'en prendre à notre nation. Aussi ne puis-je m'empêcher de penser que, là aussi, pour faire face à ce fléau lié à l'immigration, il eût fallu pouvoir disposer de la loi Remise en ordre.

D'autres questions suivirent sur des sujets moins brûlants, puis, au bout d'une heure et demie, le président mit fin à la conférence de presse, mentalement épuisé. Mais en descendant de l'estrade pour rejoindre son bureau, il était loin d'imaginer la puissance de l'opposition que le Système allait déployer contre lui et encore moins la vitesse à laquelle tout allait se jouer.

Les journalistes ne s'étaient pas attardés sur sa loi Remise en ordre, car, censurée par le Conseil constitutionnel, elle se trouvait déjà rayée de la carte politique. Mais c'étaient les commentaires du premier personnage de l'État dénonçant la dictature de l'état de droit et le gouvernement des juges qui avaient créé l'événement. En tenant ces propos et, plus grave encore, en refusant de s'en dédire, Jérôme Bolton avait en quelques minutes commis l'inconcevable et ligué contre lui toutes les forces du Système.

Signe révélateur que l'irréparable avait été commis, les lettres de démission étaient arrivées en nombre sur le bureau du président de la République tout au long de l'été. La plus spectaculaire avait été celle du Premier ministre Théo Larsen, qui était pourtant venu à la rescousse de Bolton pour faire adopter sa loi Remise en ordre, mais qui avait estimé que « trop c'est trop » et qu'il ne pouvait pas cautionner un président qui rejetait l'état de droit. Plusieurs ministres l'avaient suivi, invoquant des motivations comparables. Stoïque, le chef de l'État avait alors fait entrer au gouvernement quelques personnalités amies. Il avait demandé au ministre de l'Intérieur, Frédéric Jacquard, d'assurer les fonctions de Premier ministre par intérim. Enfin, il avait nommé son conseiller spécial Lucas Faral au poste de secrétaire général de l'Élysée pour remplacer Pierre Burgot, également démissionnaire.

Les attaques les plus impitoyables étaient venues des médias, qui, ne respectant aucune trêve estivale, avaient consacré l'été à diaboliser Jérôme Bolton, reprochant notamment au chef de l'État son obstination à présenter un projet de loi dont tout le monde savait qu'il n'était pas conforme à la Constitution. Beaucoup d'éditorialistes stigmatisèrent alors ce président incapable qui « fonce dans le mur et s'étonne de s'y écraser », comme l'avait écrit Véronique Baffi dans *l'Univers*.

Mais c'étaient surtout ceux qui se considéraient comme directement visés par ses paroles concernant le gouvernement des juges et l'état de droit qui s'étaient mobilisés le plus. Les syndicats de magistrats avaient ainsi multiplié les actions de protestation. Une grève générale de tous les fonctionnaires du ministère de la Justice avait même été organisée. Le président de la Cour de cassation et le vice-président du Conseil d'État avaient écrit au président de la République une lettre publiée dans la presse le mettant en demeure de retirer ses propos, faute de quoi ils donneraient leur démission.

Les partis et syndicats de gauche avaient organisé de leur côté plusieurs manifestations dans les rues de Paris et des grandes métropoles de province. Des centaines d'intellectuels avaient signé une pétition publiée dans de nombreux journaux pour demander la démission du chef de l'État.

De son côté, Jérôme Bolton, aidé il est vrai par la période estivale, avait fait face avec courage et dignité en maintenant fermement et intégralement ses propos avec, semblait-il, le soutien confirmé du peuple français puisque sa cote de popularité ne s'était nullement effondrée, les sondages le créditant toujours de près de 50 p. cent d'opinions favorables.

À la rentrée de septembre, les dirigeants du Centre en marche, toujours prompts à la surenchère lorsqu'il s'agissait de diaboliser un opposant au Système, s'étaient retrouvés dans une situation des plus ambiguës. Attaqués par la gauche comme étant le parti qui avait fait élire et soutenait le « monstre » antirépublicain qui menaçait la démocratie, ils s'étaient engagés à « clarifier » leur position. Martine Laforge l'ancienne garde des Sceaux, limogée par Bolton pour avoir contesté en son temps sa loi Remise en ordre, fut chargée de conduire la manœuvre. Elle avait provoqué à cet effet, le 20 septembre 2032, une réunion du conseil politique du Centre en marche où avait été votée une décision d'abandon et de neutralisation du président.

La manœuvre consistait à faire déposer par le groupe des députés du Centre en marche une motion de censure contre le gouvernement au titre de l'article 49 de la Constitution. Avec le vote de tous les députés du Centre en marche qui représentaient une majorité absolue des suffrages, la motion serait adoptée et contraindrait le Premier ministre à présenter sa démission au président de la République, lequel devrait nommer un nouveau Premier ministre pris dans les rangs des auteurs de la motion. Une procédure qui devait déboucher sur une forme de cohabitation dans laquelle Jérôme Bolton se trouverait complètement marginalisé, le pouvoir revenant au nouveau Premier ministre.

L'annonce de cette manœuvre avait ébranlé Jérôme Bolton et son entourage qui en firent l'analyse le soir même lors d'une réunion de crise.

— Soyons lucides, déclara Benoît Tréport, nous allons perdre la plupart de nos députés. N'oubliez pas que le Centre en marche a toujours été un parti modéré, considéré, au fil des années passées, comme le parti du Système, le parti du politiquement correct, le parti du « en même temps. »

— Tréport a raison, reprit Faral. Vos députés vous ont suivi dans votre politique droitière en matière d'immigration et d'insécurité parce qu'ils considèrent que, sur ces questions essentielles, les Français attendent maintenant des mesures énergiques. Mais lorsque vous créez le scandale sur un sujet à leurs yeux purement idéologique en rupture avec le politiquement correct, là, ils cessent d'être derrière vous.

— Vous avez sans doute raison, mais je refuse de me dédire et je ne veux pas démissionner.

— À ce stade, déclara Faral, la solution prévue par la Constitution est bien connue : vous dissolvez l'Assemblée nationale et vous provoquez de nouvelles élections législatives pour obtenir une majorité de députés qui vous soutiennent.

— Oui, mais nous n'en avons pas les moyens, observa, lucide, le président de la République.

— Je peux organiser le rassemblement de tous les cadres et élus qui vous restent fidèles, indiqua Tréport, mais ça ne représentera au mieux que le tiers du parti. De plus, ce ne seront que des individualités. N'oublions pas que ce sont nos adversaires qui contrôlent la machine du parti et, en cas de dissolution, eux n'auront aucune difficulté pour aller à l'élection sous leur étiquette traditionnelle.

Bolton ne répondit pas, mais Tréport ajouta :

— Ce qui me paraît possible, en revanche, c'est de réunir suffisamment d'élus pour priver Laforge de la majorité dont elle a besoin pour réussir son coup.

— Oui, faites donc cela, répondit Bolton.

— Un partout, lança alors Faral. Nous n'avons plus assez de parlementaires pour gouverner, ils n'en auront pas assez pour prendre votre place. La France ne sera plus dirigée.

— Sans doute, répliqua le chef de l'État, mais nous gagnons ainsi du temps pour trouver une solution.

Chapitre 7

Le grand tournant

Dans le vaste salon de l'appartement de Tancrède Cabois, les fauteuils avaient été tournés en direction de l'écran de télévision. Les amis du maître des lieux avaient en effet décidé de suivre ensemble la déclaration télévisée du chef de l'État annoncée comme importante et prévue pour être diffusée ce 22 octobre 2032 à vingt heures.

Depuis le conseil politique du Centre en marche qui s'était réuni un mois plus tôt pour décider de marginaliser le président de la République issu de ses rangs, rien de décisif n'était survenu. Le parti n'avait pas encore pu mettre en œuvre la stratégie de Martine Laforge car la motion de censure, qui devait être votée pour renverser le gouvernement fidèle à Bolton, n'avait pas été déposée à ce jour. Et pour cause, Benoît Tréport, le président du groupe parlementaire du Centre en marche resté loyal au président avait réuni autour de lui un nombre suffisant de députés pour priver Martine Laforge de la majorité de voix dont elle avait besoin pour faire adopter la motion de censure. Des renforts étaient attendus du centre gauche, mais Albert Larchant, l'homme de la confrérie, peinait à combler les défections.

Le seul événement marquant du mois écoulé avait été la réapparition de Bertrand Rastoin. Les charges pesant contre lui avaient été levées, sa victime présumée avait en effet reconnu avoir inventé toutes ses accusations contre l'ancien président du Centre en marche afin de se venger de lui. Même si cette rétractation leur avait paru suspecte, les juges avaient considéré ne pouvoir faire autrement que d'abandonner les poursuites contre ce dernier qui, blanchi et de nouveau libre, avait repris son poste de président du Centre en marche et sa place au sein du cénacle des Invalides.

Depuis lors, les Français croyaient voir dans cette crise une simple querelle de personnes entre Rastoin et Bolton. Une querelle de plus comme ils en avaient déjà connu dans les années passées et qui ne faisait qu'aggraver la mauvaise opinion qu'ils avaient du monde politique. Agacés de voir les soutiens du chef de l'État se retourner contre lui sans proposer la moindre solution constructive, ils s'impatientaient aussi du silence de ce dernier qui, toujours en butte à la diabolisation, s'était comme retranché à l'Élysée dans l'incapacité de prendre la moindre initiative pour sortir de la crise.

Aussi, lorsque l'heure de son intervention fut venue, est-ce l'ensemble des Français ou presque qui, comme les amis de Cabois, allumèrent leur écran pour écouter le chef de l'État.

Jérôme Bolton apparut assis derrière un vaste bureau Louis XVI, devant une bibliothèque garnie de livres anciens et un drapeau tricolore aux liserés dorés. La posture était solennelle mais, quand le président commença à parler, son visage fut cadré en gros plan.

« Françaises, Français, comme vous le savez mon action de président de la République a été entravée, trois mois à peine après mon élection, par une décision du Conseil constitutionnel que je juge illégitime, ainsi que par une campagne médiatique orchestrée et massive dont chacun a pu observer le caractère arbitraire et partisan. À cela s'ajoute maintenant une manœuvre politicienne destinée à saper l'action gouvernementale en la privant du soutien parlementaire qui lui est nécessaire. Ces actions agressives et manifestement coordonnées mettent en cause la démocratie puisqu'elles visent à m'empêcher de réaliser le programme électoral que je vous avais soumis et que vous aviez approuvé à travers mon élection. »

— Il ne manque pas d'aplomb, remarqua, goguenard, Éric Dobias, affalé dans son fauteuil chez Cabois.

Le président poursuivit en stigmatisant les initiatives lancées contre lui et son gouvernement. Il montra comment ces attaques mettaient en cause le principe même de la démocratie selon lequel c'est le peuple qui est souverain et donc ses représentants qui sont seuls légitimes pour décider et agir.

— Il n'hésite pas à tout mélanger, il met une décision du Conseil constitutionnel sur le même plan qu'une campagne de presse. Ce n'est pas sérieux, ajouta Karamenti.

— Moi, je trouve ça inquiétant, répliqua Rastoin. Ça veut dire qu'il va s'en prendre au Conseil constitutionnel.

Le chef de l'État expliqua alors que cette situation résultait d'une mise en coupe réglée de la vie démocratique par le Système installé dans les rouages de la justice et des médias. Un système qui enserre les élus du peuple dans les limites du politiquement correct et les empêche de prendre les décisions qui seraient nécessaires. Il précisa que ce blocage venait principalement du Conseil constitutionnel, qui avait récemment encore annihilé la loi Remise en ordre et qui fonctionnait comme un tribunal idéologique, censurant tout ce qui n'était pas politiquement correct. Une pratique qui avait des conséquences immédiates et dramatiques pour les Français.

« C'est en effet cet état de droit qui m'a empêché de prendre les mesures énergiques que j'avais prévues pour rétablir la sécurité, arrêter l'immigration, contrôler nos frontières et faire respecter notre identité. C'est encore lui qui m'interdirait demain de défendre nos valeurs, de refonder l'école ou de protéger nos familles. »

— Bon début, je commence à y croire, déclara François Delpin, le président de Patria.

— Je te l'avais dit, Jérôme Bolton est un homme de qualité. Il met parfois du temps à se décider, mais quand il le fait, il s'engage totalement.

Les deux hommes se trouvaient dans le bureau de Faral au palais de l'Élysée devant un écran de télévision et ils assistaient en direct à la présentation par le président de la République de l'opération qu'ils avaient conçue ensemble et qui allait bouleverser la scène politique française.

L'initiateur en avait été Lucas Faral qui, voyant venir l'enfermement politique de Bolton, avait imaginé une stratégie pour sauver son quinquennat. Une stratégie qui pouvait de surcroît rénover en profondeur la scène politique française. L'idée était de dissoudre l'Assemblée nationale et de créer une nouvelle majorité par une alliance avec la droite dite extrême. Or, il se trouve que Faral connaissait bien le président de Patria pour avoir fait ses études de sciences politiques avec lui.

Dire qu'ils étaient amis aurait été excessif, d'autant que Faral appartenait, qu'il le veuille ou non, au camp du Centre en marche honni par les gens de Patria. Mais les deux hommes s'appréciaient et se considéraient mutuellement comme fiables et idéologiquement proches. Aussi, lorsque Faral insista pour voir d'urgence son ancien camarade, Delpin lui ménagea-t-il un rendez-vous pour le lendemain, 5 septembre 2032. Ils se rencontrèrent dans une brasserie populaire, perdus parmi une clientèle anonyme. Lorsque Faral exposa son idée, Delpin qui avait l'esprit aiguisé comprit très vite qu'une opportunité politique de grande ampleur se présentait à lui.

— Lucas, je suis intéressé, voyons comment tout cela pourrait se mettre en musique.

Les deux hommes s'étaient mis au travail et une quinzaine de jours plus tard, le 21 septembre 2032 le lendemain du vote de la motion Laforge au conseil politique du Centre en marche, Lucas Faral avait organisé dans le plus grand secret une rencontre nocturne à l'Élysée entre le chef de l'État et François Delpin. Une rencontre fructueuse qui allait donner naissance à une coalition comme la France n'en avait encore jamais connu.

Sur l'écran de télévision, le président de la République poursuivait son intervention :

« J'ai donc décidé de libérer le pouvoir exécutif et législatif de cette emprise du politiquement correct imposée par l'état de droit à travers les médias et certaines juridictions. Et comme la majorité actuelle n'a pas été élue pour soutenir un tel programme, je vais donc, en vertu de l'article 12 de la Constitution, dissoudre l'Assemblée nationale dès mardi prochain, 26 octobre 2032, afin que les Français puissent retourner aux urnes et élire une nouvelle majorité qui soit légitime pour mener à bien ce vaste projet. »

Dans le salon de Cabois, l'émotion était à son comble.

— Ça y est, il dissout ! éclata Rastoin. Messieurs, votre travail n'aura servi à rien. Il faut repartir à zéro et investir nos candidats en vitesse

— Mais lui, il va manquer dramatiquement de candidats. On le battra facilement ! lança Dobias.

— Attendez, il me paraît bien sûr de lui, observa Rastoin.

Et le président de poursuivre, comme pour répondre à son ancien camarade de parti :

« Cette entreprise de retour à une démocratie authentique qui reconnaisse pleinement la souveraineté du peuple est bien trop importante pour être portée devant les électeurs dans un esprit partisan. C'est pourquoi j'en appelle à un vaste rassemblement de toutes les forces de bonne volonté qui veulent libérer la France de la dictature de l'état de droit et rendre au peuple sa pleine souveraineté. C'est ce rassemblement qui, sous le label Peuple souverain, présentera à vos suffrages les candidats que je soutiendrai aux prochaines élections législatives. »

Dans le salon de Cabois, le silence tomba un moment.

— Mais avec qui veut-il rassembler ses faibles troupes ? finit par s'interroger Smarda.

— Je n'ose le dire, lança Rastoin.

— Oui, c'est sûrement Patria, dit Karamenti.

Les amis de Cabois avaient raison car la rencontre entre Bolton et Delpin s'était révélée plus fructueuse que Lucas Faral ne l'avait imaginé.

— Alors, monsieur Delpin, avait lancé un peu ironique le chef de l'État en guise d'accueil, vous êtes prêt à parler à un homme du Système si détesté par vos amis ?

De petite taille, mais mince et distingué, François Delpin cachait sa réserve naturelle par un talent oratoire indéniable. Le front haut, souligné par des cheveux bruns coiffés en arrière, Delpin avait à peine quarante ans et son regard pénétrant et mobile témoignait de sa vive intelligence. Une intelligence aiguisée pour la politique qui savait analyser, décider et agir.

— Je ne suis pas sûr, monsieur le président, que vous soyez toujours cet homme-là. Vos récentes déclarations et votre refus de vous dédire vous ont même rendu sympathique à beaucoup de nos adhérents pourtant souvent très entiers.

— C'est vrai, l'homme qui est entré dans ce palais fraîchement élu, il n'y a guère plus de cinq mois, n'est pas tout à fait le même que celui qui est en face de vous aujourd'hui, avait répondu Jérôme Bolton.

Faral avait échangé un regard avec Delpin.

— Ces cinq mois m'ont en effet permis de toucher du doigt la réalité concrète de l'état de droit qui apparaît bien aujourd'hui comme l'obstacle majeur au règlement des principaux problèmes de notre pays. Je me suis alors dit que, dans la situation un peu délicate où je me trouvais, je n'avais plus rien à perdre. Et si tel est le cas, autant être utile à notre pays en brisant ce joug.

— Voilà qui nous rapproche en effet, avait répondu Delpin. Et puis-je savoir comment vous comptez briser ce joug ?

— Par de nouvelles élections, une coalition entre vos forces et les miennes et par un référendum qui remettra le Conseil constitutionnel à sa place, c'est-à-dire en dessous et non au-dessus du peuple français et qui rendra aux lois françaises une autorité supérieure à celle des traités internationaux et des réglements européens.

Sur l'écran, dans le salon de Cabois, le président de la République ajouta :

« De plus, je souhaiterais que ces élections soient pour les Français l'occasion de réaliser eux-mêmes la première et la plus impérative des réformes, celle qui permettra de rendre pleinement le pouvoir au peuple. Je ne veux plus en effet que des lois voulues par les Français soient considérées comme invalides au motif qu'elles sont contraires à des traités internationaux ou à des textes européens. C'est pourquoi nous allons modifier l'article 55 de la Constitution afin d'y préciser que les lois françaises ont une autorité supérieure à celle des traités internationaux et des réglements européens.

« Surtout, je ne veux plus que le Conseil constitutionnel puisse continuer à rejeter tout ou partie d'une loi dûment adoptée par les représentants du peuple. Aussi allons-nous réécrire une courte ligne de l'article 62 de la Constitution pour créer un droit de recours sur les décisions prises par cette juridiction afin que le président de la République, qui, je vous le rappelle, est élu au suffrage universel, puisse contester une décision du Conseil constitutionnel et soumettre, pour la décision finale, le texte incriminé soit à un référendum soit à un vote ultime de l'Assemblée nationale. »

Dans le salon de Cabois, ce fut la consternation.

— Il veut neutraliser le Conseil constitutionnel. C'est pire que tout, déclara Jacques Karamenti

— Ça va être la guerre à mort, affirma Rastoin.

À l'écran, le président enfonça le clou.

« Les prérogatives du Conseil constitutionnel restent donc intactes mais dans tous les cas ce sont les Français qui auront dorénavant le dernier mot. Ce droit de recours, comme le principe de la supériorité des lois françaises sur les traités internationaux, les directives et les règlements européens, doit donc être inscrit dans la Constitution et j'ai décidé, en application de l'article 11 de celle-ci, de procéder à cette réforme capitale par un référendum qui aura lieu en même temps que le premier tour des législatives.»

— L'article 11, mais il n'a pas le droit, observa Karamenti, l'article 11 concerne l'organisation des pouvoirs publics ! La réforme de la Constitution, c'est l'article 89 !

Lors des réunions de préparation de l'opération Peuple souverain, la question soulevée au cénacle avait fait l'objet d'un long débat car Karamenti avait raison, c'était bien l'article 89 qui devait être saisi pour mener une réforme constitutionnelle. Mais cet article exigeait que le projet fût préalablement adopté dans des termes identiques par l'Assemblée nationale et le Sénat, une exigence que Bolton ne pouvait nullement satisfaire, faute de majorité dans l'une et l'autre des deux chambres.

— C'est foutu, avait alors déclaré Tréport, il faudra se débrouiller sans référendum !

— Si on ne se libère pas de la tutelle du Conseil constitutionnel et de la suprématie des règlements européens, c'est nous qui sommes foutus, avait rétorqué Faral.

— Nous n'en sommes pas là, avait affirmé Bolton, l'article 11 autorise le président de la République à lancer sur simple proposition du gouvernement un référendum sur «l'organisation des pouvoirs publics.» Or, c'est exactement ce que nous voulons faire : en renforçant les pouvoirs de l'exécutif et du législatif au détriment du pouvoir judiciaire, nous effectuons bien une réorganisation des pouvoirs publics. Nous sommes donc parfaitement en droit de lancer notre référendum sur la base de l'article 11 et c'est ce que nous allons faire.

— J'ajoute, avait observé Delpin, que lorsque De Gaulle a lancé un référendum pour instaurer l'élection du président de la République au suffrage universel direct, il a utilisé l'article 11.

— Je ne suis pas le Général, avait répondu Bolton, mais je crois comme lui que la légitimité du peuple qui s'exprime par les urnes l'emporte sur les jugements des docteurs de la loi.

Sur l'écran, le président poursuivit son propos en répondant implicitement à Karamenti :

« Ces deux ajustements de la Constitution, en rééquilibrant les pouvoirs entre l'exécutif, le législatif et le judiciaire, constituent une réorganisation bénéfique des pouvoirs publics qui permettra au gouvernement de faire voter des lois de sauvegarde de notre nation pour arrêter l'immigration, expulser les clandestins, reconquérir les cités interdites ou encore mettre hors d'état de nuire tous les voyous connus des services de police. »

— Il bascule carrément vers l'extrême droite, déclara Smarda. Ça va le perdre !

De fait, au cours de ces mêmes réunions avaient été mis au point le projet que défendraient ensemble aux prochaines élections les candidats de Patria et ceux du nouveau parti de Bolton. Un projet plus radical que celui prévu dans la loi Remise en ordre mais aussi une méthode de gouvernement nouvelle dont les promoteurs espéraient qu'ils pourraient réellement assurer le redressement de la France.

« Il est donc urgent, poursuivit le président de la République dans son allocution télévisée, d'en finir avec l'état de droit et le gouvernement des juges qui nous imposent depuis des décennies leur idéologie politiquement correcte. Je vous demande donc de me soutenir pour effectuer cette remise en ordre majeure et salutaire. Il vous suffira pour cela de répondre « oui » au référendum et de voter pour les candidats « Peuple souverain » que je soutiendrai aux élections législatives qui auront lieu les 28 novembre et 5 décembre prochains.

Vive la République, vive la France ! »

Lucas Faral éteignit l'écran de télévision et se tourna vers François Delpin :

— Alors ? Qu'en penses-tu ?

— Son intervention était parfaite. De ce côté-là, je n'avais pas d'inquiétude. Ce qui me préoccupe, c'est le changement de ligne politique que cela implique chez Bolton. Tu es sûr qu'il va l'assumer ?

— Je le connais bien, répliqua Faral, c'est un homme intelligent et d'une grande rigueur intellectuelle. S'il a accepté le projet que nous lui avons proposé, c'est parce qu'il a pris la mesure de l'état du pays et qu'il est maintenant convaincu que seul un projet comme le nôtre peut assurer le redressement national.

— Quand même, déclara Delpin en souriant, Jérôme Bolton avec Patria ! Qui l'eût cru ?

Chapitre 8

Double victoire

Le 5 décembre 2032, la coalition Peuple souverain soutenue par le président de la République remporta la victoire au second tour des législatives. Recueillant une majorité de deux cent quatre-vingt-quinze députés, elle écrasait le Centre en marche qui n'avait obtenu que cent seize élus et les trois partis de gauche qui n'en totalisaient ensemble que cent vingt-quatre. Un succès encore amplifié dès le lendemain par le ralliement au groupe parlementaire Peuple souverain de onze députés élus sous l'étiquette du Centre en marche de Rastoin, assurant ainsi au chef de l'État une majorité absolue de trois cent six parlementaires.

Mais la première victoire et peut-être la plus importante était venue une semaine plus tôt au soir du premier tour, le 28 novembre 2032, lorsque le oui au référendum avait atteint le score de 51,8 p. cent. Ce résultat était pourtant loin d'être acquis lorsque la campagne électorale avait commencé car le Système, pour qui la sauvegarde de l'état de droit était essentielle, avait déclenché une puissante campagne d'opinion. Comme prévu, la validité du référendum fut d'abord mise en cause par de nombreux spécialistes du droit constitutionnel qui estimèrent que le recours à l'article 11 ne pouvait fonder le référendum lancé par le président de la République.

Mais cette argumentation passa mal auprès des Français qui peinaient à suivre les débats très techniques entre les tenants de l'article 11 et ceux de l'article 89. La plupart des électeurs étaient en effet dans une autre logique : considérant que ce référendum était le premier depuis près de trente ans auquel on les appelait à voter, ils supportaient mal que certains cherchent à les en priver. Ce sentiment d'exaspération atteignit son paroxysme lorsque fut publiée la décision du Conseil constitutionnel déclarant non valide le référendum sur le Conseil constitutionnel. Une prise de position qui provoqua indignation et ricanements à propos de ces prétendus sages qui semblaient ignorer qu'on ne peut pas être juge et partie.

Les responsables de la campagne anti-Bolton firent alors marche arrière. Certains maires persistèrent cependant dans leur opposition en annonçant qu'ils n'installeraient pas de bureaux de vote pour le référendum. La coalition Peuple souverain rappela alors que le premier tour des législatives avait lieu le même jour que le référendum et demanda aux Français qui ne pourraient pas voter au référendum de voter tous en représailles pour les candidats Peuple souverain. Le ministre de l'Intérieur annonça par ailleurs que des forces de police et des agents des préfectures seraient présents sur place pour garantir le droit de vote de chacun, annonçant que des poursuites pénales seraient engagés contre tous les contrevenants.

À trois semaines du scrutin, les idéologues du droit s'inclinèrent devant les impératifs politiques et il fut clairement acquis que le référendum aurait bien lieu. Le débat put alors porter sur le fond et les adversaires de Bolton, délaissant la modification de l'article 55, un sujet jugé sans doute trop technique, focalisèrent leurs attaques sur la réforme du Conseil constitutionnel avec un mot d'ordre simpliste et agressif : en touchant au Conseil constitutionnel, Bolton menaçait la liberté et la démocratie.

Les professeurs de droit constitutionnel envahirent de nouveau les plateaux de télévision pour expliquer que cette haute juridiction, clé de voûte de l'état de droit, avait pour principale mission de protéger les Français de l'arbitraire du pouvoir et que le projet soumis à référendum, qui affaiblissait le Conseil constitutionnel, priverait donc ces derniers de ce puissant défenseur de leurs droits et de leurs libertés. La coalition Peuple souverain avait alors riposté avec un argumentaire efficace que François Delpin avait testé lors de son premier discours de campagne.

— On nous dit que le Conseil constitutionnel protège les droits et les libertés des Français contre les excès du pouvoir, avait-il lancé. Fort bien, mais le pouvoir ce sont les députés et le président de la République, or qui y a-t-il derrière eux, sinon les Français qui les élisent ? Donc, ce conseil protège les Français contre les Français, il les défend contre eux-mêmes, comme s'ils étaient irresponsables et qu'il fallait une autorité supérieure pour veiller sur eux et corriger leurs choix. Eh bien, c'est exactement ce que font ces neufs juges, ils contrôlent les lois votées par les représentants du peuple. Et, tel un tribunal idéologique, ils censurent celles qui ne sont pas politiquement correctes. Ce faisant ce sont eux qui faussent la démocratie et nous qui la rétablissons en créant un droit d'appel qui donne le dernier mot au peuple ou à ses représentants.

Jusqu'en 1958, année de fondation de la Ve République, avait rappelé Delpin, il n'existait aucun conseil de cette nature dans aucune des constitutions qui avaient régi notre pays depuis la Révolution française et, même après sa création, le Conseil constitutionnel s'interdisait de contrôler les lois. Une prérogative qu'il s'était lui-même attribuée en 1971 en inventant le principe dit du « bloc de constitutionnalité. » Un principe qui revient à associer tous les textes du Préambule ou ceux visés par le Préambule à la Constitution elle-même.

— Je pose donc la question : est-ce qu'avant 1971, la France était une dictature ? Bien sûr que non !

Parachevant son argumentation, Delpin avait ajouté :

— Nous laissons intactes toutes les prérogatives du Conseil constitutionnel. Nous permettons simplement, lorsque le président de la République, qui est tout de même élu au suffrage universel direct, n'est pas d'accord avec une décision de ce Conseil, que ce soit le peuple qui tranche en dernier ressort, soit par référendum soit par un vote ultime de l'Assemblée nationale.

Ces arguments, auxquels les défenseurs du non répondaient par des idées confuses sur l'état de droit, avaient fini par ébranler une majorité de Français. Mais c'est sans doute la confiance que leur inspirait Bolton qui avait été déterminante et qui avait assuré la victoire du oui. Une victoire qui permettrait dorénavant au chef de l'État, s'il avait une majorité à l'Assemblée, de passer outre les décisions du Conseil constitutionnel, une révolution juridique et un succès politique majeur pour le président de la République.

Or, une semaine plus tard, le second tour des élections législatives allait donner une seconde victoire décisive à la coalition Peuple souverain. Mais ce soir-là, le chef de l'État n'était pas dans son bureau avec ses proches, il était resté confortablement installé dans le salon de ses appartements privés de l'Élysée et regardait la télévision avec son épouse. Aussi fut-elle la seule à constater que les résultats victorieux qui s'affichaient sur l'écran ne procuraient aucune joie réelle à son époux. Pourtant, avec cette réforme constitutionnelle et cette solide majorité, Jérôme Bolton disposait enfin des moyens qui lui étaient nécessaires pour gouverner et, cette fois, pour tenir ses engagements électoraux. Cependant, en cette soirée de victoire, ce fut plutôt un sentiment de malaise que ressentit le président.

Lui qui avait vécu la première partie de sa vie politique dans le cocon tout formaté du politiquement correct se retrouvait à la tête d'une coalition beaucoup plus radicale, allié à un parti dont il ne connaissait le chef que depuis quelques semaines et en charge d'un programme infiniment plus ambitieux que celui de sa candidature présidentielle. Une sorte de vertige s'empara de lui comme celui éprouvé, plus intensément même, un mois plus tôt lors de la grande convention qui avait donné naissance à la coalition Peuple souverain. Lui revinrent alors à l'esprit des souvenirs de ce passé encore tout récent qui venait de bouleverser sa vie.

La convention Peuple souverain s'était tenue dans l'urgence pour concrétiser la création de la coalition, lancer la campagne électorale des candidats qu'elle soutenait et présenter le projet pour lequel ils allaient se battre. Rassemblant trois mille délégués et candidats, cette manifestation avait duré tout le week-end des 6 et 7 novembre 2032. En réalité, la coalition était composée essentiellement de Patria et du nouveau parti politique créé de toute pièce pour rassembler les militants, cadres et élus issus du Centre en marche, qui poursuivaient leur engagement politique au côté du chef de l'État. Cette nouvelle formation, dénommée Vox populi et dirigée par Benoît Tréport, avait donc été organisée en un temps record, de même qu'elle avait dû décider quasi instantanément de son alliance avec Patria. Symétriquement, les amis de François Delpin avaient dû eux aussi se prononcer en toute hâte sur leur participation à la coalition présidentielle.

Tout avait commencé par des difficultés car cette alliance entre « républicains » et « nationaux » n'allait pas de soi. Des décennies d'antagonismes, de querelles et d'accusations mutuelles les avaient séparés jusqu'à ce jour. Il avait donc fallu l'autorité du chef de l'État et le talent de persuasion de Delpin pour faire cohabiter ces deux forces au sein d'une même coalition un tant soit peu cohérente et organisée. Certes, la constitution de cette nouvelle force électorale représentait pour le président un premier succès, mais un succès qui se paya par de nombreuses défections exploitées de surcroît sans vergogne par les médias et les partis d'opposition.

Cette animosité latente entre les deux partis s'était focalisée en coulisse sur la désignation des candidats. La commission d'investiture avait en effet rencontré de graves difficultés dans de nombreuses circonscriptions où des rancunes personnelles tenaces l'emportaient sur toute raison. Héloïse Randale, l'amie des Lambrosi, qui militait depuis des années dans sa circonscription pour Patria et qui, comme médecin, jouissait d'une excellente réputation, faillit, par exemple, ne pas être investie en raison de l'hostilité du responsable local de Vox populi. Aussi, est-ce le triumvirat constitué de Delpin, Tréport et Faral qui fut appelé à trancher et qui le fit, comme partout ailleurs, en faveur de la personnalité la plus apte à faire triompher la coalition Peuple souverain, en l'occurrence dans le cas en question pour Héloïse Randale.

En dépit de toutes ces avanies, au soir du premier jour la coalition était en ordre de bataille, ses statuts approuvés, sa direction élue, ses candidats investis et son programme validé.

Bolton fut brutalement ramené au temps présent par son aide de camp qui lui apportait le texte de l'intervention télévisée qu'il devait prononcer une demi-heure plus tard. Il le relut pour la cinquième fois, puis se tournant vers son épouse :

— J'ai le tract, Élisabeth, comme un acteur qui va jouer un nouveau rôle pour la première fois.

— Je le vois bien, Jérôme !

— Toute cette opération m'engage sur des chemins inconnus et je me demande si je n'ai pas été trop audacieux.

Élisabeth Bolton ne répondit rien. Le président reprit :

— Trop audacieux dans les ambitions que nous affichons en rupture avec le Système.

Puis après un silence, il ajouta :

— Il faut dire que la situation du pays est tellement désastreuse que je ne pense pas qu'une autre stratégie eût été possible.

— Alors, pourquoi te mets-tu dans cet état ? demanda son épouse.

— Sur le plan rationnel, je n'ai pas de doute. Ce serait d'ailleurs absurde d'en avoir, un soir de victoire comme celui-ci. Je dirais même que ce succès me grise car je pense que nous allons vraiment pouvoir redresser le pays. Mais dans le même temps je ne me sens plus vraiment moi-même là où je me trouve. Tout a tellement changé autour de moi et si vite.

— Mais non ! s'écria Élisabeth Bolton. Tu es plus à ta place, ici à l'Élysée, que derrière ce Rastoin qui est un homme mauvais.

Bolton ne répondit pas car on venait le chercher pour sa déclaration télévisée. Celle-ci fut brève et percutante. Il remercia les Français de leur vote et leur annonça qu'une ère nouvelle allait commencer.

— Fort de la suprématie du Parlement sur le Conseil constitutionnel, fort de l'autorité de la loi française sur les traités internationaux et les réglements européens, fort de la majorité parlementaire que vous m'avez accordée, je vais maintenant engager un grand changement pour assurer le redressement de la France.

Quand il eut regagné ses appartements, il ne put s'empêcher de repenser à cette convention et aux discours qui y avaient été tenus sur le programme, c'est-à-dire sur ce qu'il devait commencer à mettre en œuvre dès le lendemain. Il se rappela la gêne qu'il avait éprouvée lorsque le premier orateur était monté sur la scène et avait annoncé l'arrêt de toute nouvelle immigration pendant dix ans. Rien moins que l'abrogation de tous les textes européens, législatifs et réglementaires instaurant et régentant les différentes filières d'immigration ! Non pas qu'il eût le moindre désaccord avec cet objectif. Mais si, pour ce jeune orateur, il ne s'agissait sans doute que de mots magiques qui faisaient vibrer la salle, pour lui Bolton, c'était le risque de ne pas réussir et de décevoir tout un peuple.

L'orateur suivant avait abordé la question encore plus complexe de l'islam. Rappelant que l'islam est une religion étrangère à notre civilisation, l'intéressé avait déclaré que sa pratique était parfaitement libre mais à la condition qu'elle s'exerce dans le cadre de la sphère privée, ce qui impliquait d'en finir avec tous les signes ou pratiques de l'islam dans l'espace public et là aussi le président n'avait pu s'empêcher de ressentir une forme d'appréhension à l'idée de mettre en œuvre une politique aussi essentielle mais aussi difficile.

Il en fut ainsi de tous les grands axes du programme de la coalition Peuple souverain. Sur l'Europe, l'intervenant se prononça pour une rénovation globale de l'Union européenne afin d'en faire l'instrument d'une Europe puissance. Sur ce sujet également, Bolton, qui était favorable à cette vision de l'avenir du continent, s'était senti saisi par la même perplexité devant l'ampleur de la tâche.

Ce qui rassurait et encourageait en revanche le président, c'était la ferveur de tous ceux qui étaient venus en nombre à ses trois meetings de campagne. Il revit aussi l'enthousiasme qui s'était emparé des membres de la convention lors du discours de clôture de Benoît Tréport. La formule finale employée par ce dernier, les mots très forts qui avaient été les siens avaient puissamment résonné dans les esprits : « Partez, battez-vous et revenez vainqueurs ! »

Pour autant, au lendemain de la Convention, alors que la campagne menée par ceux qui contestaient la validité du référendum faisait rage, les candidats aux législatives de la coalition Peuple souverain éprouvèrent des difficultés à s'imposer. Ce n'est que trois semaines avant le premier tour de scrutin, lorsque la tenue du référendum fut définitivement acquise, que la tendance commença à s'inverser. En effet, le jour du vote approchant, les Français qui s'étaient peu à peu intéressés aux enjeux de ces élections avaient fini pour beaucoup par mesurer l'ampleur des perspectives nouvelles que pouvait offrir la victoire du camp présidentiel.

La campagne de la coalition avait de surcroît été dynamisée par l'engagement personnel de Jérôme Bolton qui, inquiet de la tournure des événements, avait, dans les deux dernières semaines, multiplié les meetings et les interventions télévisées. Cette entrée en lice du chef de l'État s'était révélée déterminante car celui-ci avait gagné la confiance de nombreux Français qui appréciaient sa droiture. L'affaire de la loi Remise en ordre avait en effet marqué les esprits. Si les journalistes l'avaient analysée comme le signe d'une prétendue incompétence de Jérôme Bolton, la plupart des Français avaient à l'inverse apprécié à cette occasion l'honnêteté de ce nouveau président désireux de mettre en œuvre ce qu'il avait promis. De même, la décision de rejet de sa loi par le Conseil constitutionnel, au même titre que les campagnes anti-Bolton, avait été vécue par de nombreux Français comme une injustice dont il était victime et eux avec lui. En quelques mois, le président avait réussi à tisser un lien durable avec le peuple. Un lien qui lui avait permis de créer une dynamique de victoire.

Et la victoire vint. Les partisans de Peuple souverain, généralement prudents et réservés, sortirent cette fois dans la rue. À Paris, ils se retrouvèrent au Champ-de-Mars, applaudissant les orateurs de Patria et de Vox populi. Dans les grandes villes de province, des rassemblements de sympathisants de la coalition Peuple souverain se formèrent également.

Après les plateaux de télévision et les discours au Champ-de-Mars, les principaux acteurs de cette victoire se retrouvèrent dans les salons de l'Élysée tard dans la nuit, autour de François Delpin, Frédéric Jacquard, Lucas Faral, Benoît Tréport. Étaient également présents les hauts responsables de Vox populi et de Patria. Libéré de ses pensées moroses, le chef de l'Etat les avait rejoints et s'entretenait joyeusement avec chacun, comme s'il avait été brutalement déchargé d'un poids qui l'écrasait. Tous d'ailleurs se laissaient aller à l'ivresse du succès.

Du côté de chez Cabois, en revanche, point de fête ni même de réunion. L'appartement était resté désert, plongé dans le silence et l'obscurité.

Chapitre 9

Suprema lex

En ce 16 décembre 2032 au soir, Jérôme Bolton se trouvait à Nanteuil-sur-Avre dans une situation tout à fait inédite pour lui. Alors qu'il n'avait jamais donné accès au salon de sa demeure à quelque journaliste que ce soit, réservant cette pièce, tel un sanctuaire, à sa famille et à ses amis, il avait accepté que Béatrice Dumagne, une reporter indépendante, y filmât un entretien qui devait être plus intimiste et plus personnel que les interviews politiques traditionnelles mais qui serait néanmoins diffusé en direct à 20 h 30 sur TV1.

Le mur principal du salon où ils se tenaient était orné d'une grande tapisserie du dix-neuvième siècle consacrée à une scène de chasse. Les autres cloisons étaient couvertes de tableaux anciens, la plupart représentant des paysages romantiques ou des scènes rupestres. Au sol, plusieurs tapis couvraient un parquet élégant mais d'un autre âge qui craquait çà et là. Assis face à son interlocutrice, près de la cheminée où brûlaient quelques bûches, Jérôme Bolton pouvait voir en arrière-plan son épouse et ses deux enfants assistant à l'émission qui venait de commencer.

— Après la grande querelle de ces derniers mois, au cours desquels vous avez pris de nombreux coups mais dont vous êtes sorti vainqueur, expliquait Béatrice Dumagne, les Français ont commencé à découvrir le chef politique que vous êtes, mais ils aimeraient maintenant connaître un peu mieux l'homme. Je ne parle pas du côté anecdotique de votre personnalité, non, ce qui m'intéresse ce soir, c'est de rencontrer l'homme qui porte les habits de ce président qui va nous gouverner dans les années qui viennent. Vous êtes en effet, si je puis me le permettre, un cas unique de mutation politique. Le 30 avril dernier, lors de votre arrivée à l'Élysée, vous étiez un président de centre droit soutenu par le Système. Depuis le 5 décembre, date de votre victoire aux dernières législatives, vous êtes devenu un président de droite, combattu par le Système.

Béatrice Dumagne s'arrêta un instant puis reprit :

— Mais d'abord, monsieur le président, comment allez-vous après tous ces bouleversements ?

— Je vais bien. Un peu de fatigue sans doute qui aura disparu après les quelques jours de repos que je vais passer ici pour les fêtes de Noël avec ma famille. Mais je me sens surtout déterminé car la victoire que nous avons remportée au référendum et aux législatives n'est pas un aboutissement. C'est en réalité un commencement, le commencement d'un combat pour le redressement de la France, un combat qui sera difficile mais que je veux gagner avec les Français.

— Je n'en doute pas, poursuivit Béatrice Dumagne. Mais avant de parler de l'avenir, dites-nous comment vous en êtes arrivé à une telle métamorphose.

— Il n'y a pas de métamorphose, répondit sobrement Jérôme Bolton, il y a simplement eu la prise de conscience que le système politique, tel qu'il était à mon arrivée aux responsabilités, ne permettait plus au chef de l'État de lutter contre les fléaux qui menacent aujourd'hui la survie même de la France.

— Vous n'aviez pas pu vous en rendre compte avant ?

— Je savais, oui, qu'il y avait des blocages et c'est pour cela que mon programme de « remise en ordre » allait déjà au-delà de ce qu'il était normalement possible de faire. J'ai cependant cru que des avancées étaient envisageables en présentant un projet somme toute pondéré que les gardiens du Système auraient pu considérer comme raisonnable et utile pour les Français. Mais non, il a été rejeté dans sa totalité par le Conseil constitutionnel et c'est alors que j'ai compris que la vie politique française était bien plus bloquée que je ne l'imaginais.

— Vous aviez donc prémédité vos déclarations sur l'état de droit et le gouvernement des juges qui ont fait scandale lors de votre conférence de presse ?

— Cela va peut-être vous étonner, mais je n'avais rien prévu de tel. C'est quand j'ai ressenti la hargne et la vindicte des journalistes se comportant comme des procureurs que j'ai décidé de renverser la table.

— Ce qui est intéressant dans votre parcours, c'est que vous vous en prenez au Système tout en étant un homme du Système.

— Peut-être, je ne sais pas, mais mon ambition c'est de reconstruire dans notre pays une vraie démocratie qui assure la pérennité de notre nation.

— Puis-je vous demander quel était votre état d'esprit après cette conférence de presse ?

— En sortant de la salle, je me suis juré de tout faire pour délivrer la France de cette calamité que représente l'état de droit tel que le Système l'utilise au service du politiquement correct. Une calamité qui n'est pas seulement incarnée par des juridictions, mais qui prend aussi la forme d'un fatras juridique constitué d'innombrables textes législatifs et réglementaires qui se superposent — près de quarante lois sur l'immigration depuis que le phénomène existe ! — auxquels s'ajoutent l'amas des textes européens, les contraintes de certains traités internationaux, le tout rendu encore plus inextricable par la multiplicité des recours possibles et le poids de la jurisprudence qu'ils sécrètent et que leur inspirent souvent les cours internationales comme la Cour européenne des droits de l'homme. Or, cet imbroglio juridique n'est nullement incohérent, tous ses éléments vont en effet peu ou prou dans le même sens, celui de la défense des droits des individus ou des minorités contre l'intérêt général. Rien n'est donc réellement possible dans ce contexte pour ceux qui veulent agir pour la communauté que forment les Français, l'état de droit étant au service exclusif du politiquement correct.

— Mais qu'est-ce pour vous que ce politiquement correct dont vous parlez si souvent ?

— Oh ! il nous faudrait plus d'une émission pour épuiser le sujet. Disons que le politiquement correct est une idéologie qui combat toutes les formes d'identité, qu'elles soient nationales, ethniques ou religieuses, et toutes les différences, même celles, pourtant naturelles, entre les hommes et les femmes. C'est de ce fait, une idéologie, je dirais néolibérale et libertaire, qui vise à la globalisation du monde à travers le libre-échange international, l'immigration massive et incontrôlée et l'émergence de groupes transnationaux aussi puissants que des États.

Jérôme Bolton ajouta que cette idéologie qui s'appuie sur les États-Unis et n'est reconnue que dans le monde atlantiste mène, dans sa version woke, au projet encore plus fou de déconstruire notre civilisation coupable d'avoir asservi le reste du monde et compromis l'avenir de la planète.

— Le politiquement correct, poursuivit le président, s'impose enfin à tous comme la pensée unique, celle dont on ne peut se départir sans être diabolisé. À cet égard, il est devenu le vecteur du totalitarisme mou que subissent les peuples européens sans d'ailleurs en être vraiment conscients.

— Tristes perspectives, en effet, observa Béatrice Dumagne. Mais comment allez-vous faire dans ce contexte si l'état de droit qui vous gêne tant n'est pas encore entièrement défait ?

— Il nous faudra aller au bout du processus. Si les conventions internationales, les directives et les règlements européens ne sont plus en effet pour nous des objets juridiques intouchables et si le juge constitutionnel a été remis à sa place, ce n'est pas encore le cas du juge judiciaire ni celui du juge administratif. Aussi devrons-nous, dans la durée cette fois, multiplier les mesures pour achever d'abattre ce gouvernement des juges et rétablir pleinement la souveraineté du peuple.

Le chef de l'État fit une courte pause et reprit sur un ton plus grave :

— Mais la priorité aujourd'hui ce sont les actions à lancer pour la France elle-même. Et là, il y a urgence car notre pays est soumis, depuis de nombreuses années déjà, à quatre processus de déconstruction qui pourraient bien le faire disparaître en tant que grande nation.

— Vous pensez, j'imagine, à l'immigration, à l'insécurité et quoi d'autre ?

— Il y a aussi l'appauvrissement qui frappe les plus démunis mais aussi les classes moyennes actuellement considérées comme trop riches pour ne pas payer des charges et des impôts et pas assez pauvres pour recevoir des aides de la puissance publique. Or, ce phénomène de perte de pouvoir d'achat vient de loin, il est la conséquence de décennies de libre-échange sauvage qui ont désindustrialisé la France, une France qui s'est laissé littéralement piller par les puissances émergentes.

— Et quel est le quatrième fléau ? demanda Béatrice Dumagne.

— C'est le processus d'érosion des valeurs, répondit Bolton. Si, en effet, les habitants de notre pays ne sont plus français en ce sens que leur esprit a été transformé par un système de valeurs ou un modèle de pensée totalement étranger à ce que nous sommes, la France disparaîtra tout autant. Je pense ici en premier lieu à l'islam bien sûr, porteur d'une civilisation qui cherche à remplacer la nôtre. Mais il ne faut pas oublier pour autant le mouvement woke qui mène contre l'homme européen une entreprise délibérée d'anéantissement.

— Alors, face à ces quatre périls qui, dites-vous, menacent l'avenir de notre pays, vous prétendez faire mieux que vos opposants ou que vos prédécesseurs. Comment allez-vous procéder ?

— Nous allons recourir au principe de la loi suprême, celle qui assure le salut du peuple.

— Que voulez-vous dire par là ?

Bolton entreprit alors d'expliquer que le droit est légitime lorsqu'il sert le bien commun. Or, quand la nation est en péril, la poursuite du bien commun c'est naturellement la survie du peuple.

— Si donc la France et le peuple français sont menacés dans leur existence même, poursuivit-il, le seul droit légitime est la loi suprême, celle qui, au-delà des lois en vigueur, permet de prendre les mesures de sauvegarde nécessaires pour les sauver.

— Mais concrètement ça veut dire quoi ? insista Béatrice Dumagne un peu décontenancée.

— Cela veut dire, répondit Bolton, que la survie du peuple français justifie et rend dès lors légitime le recours à des lois d'exception. C'est ainsi qu'agissaient les anciens Romains, conformément à la formule de Cicéron : Salus populi, suprema lex. Eh bien, cette formule je la fais mienne.

— Vous voulez dire que la situation actuelle de la France est pour vous si dégradée que l'application de la formule de Cicéron rend légitime le recours à des lois d'exception ?

— Oui, tout à fait, reprit Bolton : face au déferlement de la délinquance et de la criminalité incontrôlée, face à la vague migratoire qui submerge notre pays, j'affirme que la France est en danger de mort et qu'il est donc légitime de recourir aux lois d'exception. Des lois qui, sur une période donnée, suspendent provisoirement certaines règles de droit ordinaires pour permettre aux autorités de faire face au fléau qui menace le pays.

— Eh bien, voilà encore du grain à moudre pour vos opposants, fit remarquer Béatrice Dumagne. Vous avez des exemples à me donner pour que tout le monde comprenne bien ?

— Cela concernera principalement les questions régaliennes. S'agissant d'immigration ou d'insécurité par exemple, il ne faut plus essayer de modifier laborieusement le fatras législatif et réglementaire dans lequel s'enlisaient les dirigeants qui nous ont précédés. Avec le principe des lois d'exception, nous irons droit au but politique que nous recherchons en rendant illégales, sans même nécessairement les énumérer, toutes les dispositions en vigueur qui empêchent d'atteindre l'objectif fixé.

— Monsieur Bolton, vous êtes incorrigible ! Je croyais qu'avec cette émission apaisée, vous alliez nous délivrer ce soir un message apaisé lui aussi. Apparemment, ce n'est pas le cas.

— Madame Dumagne, je suis désolé de vous décevoir mais je ne suis pas là pour faire de la communication. Je ne cherche pas à être aimé, je suis là pour accomplir ma mission de chef d'État et je me préoccupe en conséquence d'en avoir les moyens. Avec la modification de l'article 55 de la Constitution, la réforme du Conseil constitutionnel et le recours aux lois d'exception, je ne serai pas frappé d'impuissance comme l'étaient mes prédécesseurs. Il s'agit là d'une bonne nouvelle pour nos compatriotes car, si le pouvoir exécutif se donne les moyens de la puissance, c'est qu'il a la volonté de sauver notre nation des dangers qui le menacent.

Béatrice Dumagne resta un moment silencieuse, puis revint à la charge :

— Monsieur le président, vous n'avez pas répondu tout à l'heure à mon interrogation : comment, après avoir été l'un des cadres dirigeants du Centre en marche, un parti ô combien politiquement correct, avez-vous pu devenir ce président si déterminé qui n'hésite pas à mettre le Conseil constitutionnel sous le boisseau et à recourir à des lois d'exception ? Si ce n'est pas une métamorphose, qu'est-ce que c'est ?

— Ce n'est pas une métamorphose puisque je suis toujours la même personne. Mais il est vrai que l'exercice de la fonction qui est la mienne ne vous laisse pas, comment dire ? ne vous laisse pas intact. Lorsque vous incombe la charge de présider la République française, vous êtes nécessairement transformé. L'importance des responsabilités qui y sont attachées, le poids du regard de ceux qui vous ont fait confiance, l'ampleur des situations que vous devez prendre en compte, l'obligation dans laquelle vous êtes de prévoir et de préparer l'avenir, tout cela vous pousse à dépasser ce que vous étiez et à essayer d'être à la hauteur des enjeux auxquels est confronté notre pays. J'ai toujours été soucieux de rigueur et d'honnêteté intellectuelle, eh bien, je crois que cette exigence m'a conduit à puiser sans concession dans mes propres ressources pour devenir le mieux possible ce président qu'exige, me semble-t-il, l'état de la France.

Béatrice Dumagne posa encore quelques questions avant de demander au chef de l'État quels seraient les points forts de la rentrée :

— Dès le début de janvier, le gouvernement va prendre des initiatives majeures pour arrêter les flux migratoires ainsi que pour assainir les finances publiques et faire repartir l'économie nationale. Mais toutes les autres réformes vont se succéder ensuite à un rythme rapide car nos projets sont prêts et nos équipes aussi. Le grand changement va commencer.

Depuis sa victoire électorale dix jours plus tôt, le président s'était en effet consacré à la mise en place de son nouveau dispositif gouvernemental et parlementaire.

Il avait donc procédé à la nomination d'un nouveau gouvernement, un groupe de quinze ministres placés sous la houlette de Frédéric Jacquard, un homme droit, compétent et sûr. Delpin avait été nommé ministre de l'Intérieur et plusieurs membres de Patria avaient été promus : Stéphanie Landrieux était devenue ministre de la Justice, Arnaud Dewavrin ministre des Affaires étrangères, Julien Valoris ministre de l'Industrie et de la Recherche et Chloé Massoli ministre de l'Éducation nationale. Du côté de Vox populi, Hugo Lefèvre avait été chargé de la Défense, Bernard Nanceau de l'Économie et des Finances, Victor Marsac de la Communication. Carole Duverdier avait été nommée au Travail, à la Solidarité et à la Famille, Léa Levy-Bruard à la Santé et Georges Darmont à l'Écologie. Enfin, pour les postes de l'Agriculture, des Transports, de la Culture et des Sports, le président avait nommé Martin Groislard, Axel But, Béatrice Loup-Marbeuf et Clarisse Bartoli.

Les députés avaient de leur côté effectué leur rentrée. Benoît Tréport, l'homme qui avait joué un rôle clé dans le montage de la coalition présidentielle, avait été élu à la présidence de l'Assemblée nationale et Bastien Belfort, celui qui avait piloté la rédaction du programme Peuple souverain, s'était vu confier la charge de président du groupe majoritaire par les députés boltoniens.

Deuxième partie

9 janvier 2033 — 12 décembre 2033

Chapitre 10

Dimanche sanglant

En ce dimanche 9 janvier 2033, le Premier ministre Frédéric Jacquard se trouvait dans son bureau de la rue de Varenne à Paris. Il y était venu pour étudier quelques dossiers délicats pour lesquels il avait besoin du calme d'une matinée dominicale. La télévision, dont le son avait été mis en sourdine était néanmoins allumée et, de temps à autre, Jacquard levait les yeux sur l'écran branché sur la chaîne d'info continue FMB télé, où la présentatrice, Isabelle Balouma, égrenait de mauvaises nouvelles.

Pendant ce temps, au nord de l'agglomération parisienne, dans un hangar désaffecté d'une friche industrielle vouée à la construction de logements sociaux, Bachir Maklouf donnait ses dernières instructions aux trois équipes regroupées autour de lui.

— À partir du moment où vous quittez ces lieux, vous êtes livrés à vous-mêmes. Vous ne devez plus communiquer avec personne. Vous ne devez avoir qu'une pensée : arriver à votre destination sans vous faire remarquer. Quant à vous, les combattants, détendez-vous pendant le trajet. Votre matériel a été vérifié, ne pensez à rien. Une fois sur place, choisissez bien votre position comme on l'a vu lors des repérages et agissez au bon moment. Allah Akbar !

— Allah Akbar, répondirent en chœur les hommes de Maklouf, tous habillés à l'occidentale.

Puis, par groupes de trois, ils se dirigèrent vers les voitures garées à proximité et prirent la route, tout comme le firent les deux autres équipes localisées en province. Dans la région parisienne, Toufik Barkhane sentit son cœur battre plus fort lorsque son véhicule démarra. Assis à l'arrière, il se mit à regarder par la vitre sans se préoccuper de ses deux accompagnants installés à l'avant.

Dans son bureau, Frédéric Jacquard leva la tête. Sur son écran de télévision, Isabelle Balouma annonçait maintenant qu'après quatorze mois de conflits sociaux, la société industrielle de Montfort allait être définitivement fermée à la fin du mois, et cela en vertu d'une décision prise par la société chinoise qui l'avait achetée quelques années plus tôt. L'entreprise, qui faisait vivre plus de cinq mille ouvriers en emplois directs ou au travers de ses sous-traitants, était spécialisée dans la fabrication de composants complexes pour l'industrie nucléaire et pétrolière.

L'expert qui fut ensuite interrogé indiqua que cette fermeture entraînait, outre des conséquences sociales désastreuses, la perte d'une compétence très pointue que la France était l'un des rares pays à détenir.

« En réalité, expliquait-il, les Chinois ont acheté cette société pour acquérir son savoir-faire. Maintenant que c'est chose faite, ils se débarrassent d'un site dont ils n'ont pas l'utilité. »

Et, relancé par Isabelle Balouma, l'expert ajouta :

« Notre pays n'a plus aucune stratégie industrielle. Pourtant, beaucoup d'hommes politiques semblent en avoir compris la nécessité. Mais comme toujours leurs propos restent des paroles en l'air et ne sont pas suivis d'actes concrets. Il faudrait pourtant agir vite car, au rythme actuel, d'ici dix ans, nous ne saurons plus rien fabriquer chez nous. »

Le Premier ministre, qui savait que son gouvernement allait agir, reprit le fil de sa lecture.

Pendant ce temps, Toufik Barkhane pensait à sa mère qu'il n'avait pas revue depuis qu'il avait été recruté il y avait un an déjà. Il ne regrettait pas d'avoir quitté son pays pour venir combattre les mécréants chez eux. Les visages de ses deux frères, de sa sœur et de son père, tous tués lors d'une attaque de drones américains sur leur village, défilèrent dans sa mémoire et une bouffée de haine l'envahit soudain qui laissa place à la sérénité que lui apportait la perspective de la revanche.

— Tu es prêt, Toufik ? On arrive dans cinq minutes, lui dit l'homme assis à côté du conducteur.

Sur l'écran dans le bureau du Premier ministre, défilaient maintenant les images d'un reportage sur les exactions qui venaient d'être commises dans les locaux historiques de la Sorbonne. Le groupe Blackisbetter, qui avait acquis au cours des dernières années une influence certaine auprès du corps enseignant et parmi les étudiants, avait saccagé la plupart des toiles et des fresques qui ornaient les salles et les couloirs du bâtiment en barbouillant de noir le visage de tous les personnages blancs qui y figuraient.

— On ne peut pas continuer à laisser dans des locaux universitaires des images qui expriment de façon aussi provocatrice la suprématie des hommes blancs, affirmait la responsable du groupe.

Le président de l'université, interrogé peu après, bafouilla quelques mots dont la signification n'apparaissait pas clairement. Agacé, le Premier ministre coupa le son et se replongea dans la lecture de son dossier.

À huit cents mètres de là, Toufik, le cœur battant de plus en plus vite, descendit du véhicule. L'homme qui l'accompagnait lui murmura quelques mots à l'oreille et le laissa partir en le surveillant de loin. Il n'avait que deux cents mètres à parcourir pour atteindre la porte dérobée qu'un comparse lui ouvrit discrètement et il se retrouva dans le grand bâtiment des kouffars. Les lieux lui semblaient familiers pour les avoir repérés avec son accompagnateur plusieurs jours auparavant. Il savait où se placer pour être le plus efficace possible et, une fois assis, il attendit que l'église se remplisse complètement et que la cérémonie commence.

Les kouffars étaient plus nombreux qu'il ne l'avait imaginé. Devant lui, des enfants en bas âge se disputaient que leur mère s'efforçait de faire taire. Mais tendu vers son but, il ne leur porta aucune attention, seule sa haine des mécréants et sa volonté de vengeance l'animaient. Au bout d'un moment, il regarda sa montre qui lui indiqua que l'heure était venue. Désormais, plus rien ne pouvait l'empêcher d'accomplir son exploit guerrier et, en pensant aux délices qui l'attendaient dans l'au-delà, il appuya sur le bouton du détonateur.

Dans son bureau, le Premier ministre ne regardait plus la télévision dont il avait coupé le son. Il entendit donc distinctement une détonation sourde. Il interrompit sa lecture et leva la tête. Puis, pressé de terminer son travail, se replongea dans son dossier. Peu de temps après cependant, il entendit les sirènes caractéristiques des véhicules de police et de pompiers. À ce moment, son téléphone sonna. Il identifia l'appel, c'était le préfet de police de Paris.

— Monsieur le Premier ministre, on nous signale un attentat à la bombe dans l'église Saint-Sulpice en pleine messe. Il y aurait de nombreuses victimes. Le président de la République vient d'être alerté.

Jacquard raccrocha et vit entrer son chef de cabinet et deux collaborateurs, également présents à l'hôtel Matignon ce matin-là.

— Il y aurait eu un attentat à la bombe dans l'église Saint-François-Xavier à six cents mètres d'ici, déclara-t-il, un kamikaze qui se serait fait exploser au milieu des fidèles en pleine messe.

Le chef de cabinet ralluma alors l'écran de télévision où les premières images des attentats commençaient à être diffusées. Les commentaires étaient confus tant sur les lieux que sur la nature de l'événement. Mais, au bout de quarante-cinq minutes, le Premier ministre reçut un appel téléphonique du ministre de l'Intérieur qui lui fit un rapport complet. Deux églises, Saint-François-Xavier et Saint-Sulpice, avaient fait l'objet d'une attaque kamikaze à Paris et deux autres à Lyon et à Bordeaux. On comptait les morts par dizaines et les blessés par centaines.

— Je me rends sur place. Enfin, je fais le tour des deux églises parisiennes. Je ne pense pas qu'il soit prudent que le président ni vous-même veniez pour l'instant, la situation est encore trop confuse.

Le Premier ministre raccrocha et vit les regards de ses collaborateurs fixés sur lui. C'est un sentiment de colère qui l'envahit et qu'il exprima avec force :

— Les salauds ! Il faut les retrouver au plus vite.

De son côté, Maklouf recevait le rapport de ses équipages. Quand tous furent rentrés, les véhicules maquillés et les personnels dispersés, il envoya un message au cheikh en respectant toutes les règles de sécurité qu'il lui avait fait apprendre. Le message crypté disait en substance :

— Quatre cibles ont été atteintes de façon très satisfaisante. La cinquième, la plus importante, a été manquée. Notre homme n'a pas actionné son détonateur et la commande à distance depuis la voiture n'a pas fonctionné. L'intéressé s'est enfui mais je vais vite lui remettre la main dessus.

L'homme du désert lut le message sans faire de commentaire, mais ne put s'empêcher de sourire. Avec deux attentats réussis à Lyon et Bordeaux et deux à Paris, l'opération était un succès.

À l'heure du bilan, les autorités dénombrèrent quatre-vingt-seize morts et six cent quarante-cinq blessés. Les églises, toutes classées monuments historiques, étaient dévastées mais leurs structures n'avaient pas été atteintes. L'émotion fut immense dans tout le pays. Des marches blanches furent organisées, des bougies allumées en masse, des veillées funèbres se multiplièrent, des minutes de silence et des journées de deuil national furent décrétées.

De son côté, le président de la République décida d'intervenir le soir même à vingt heures sur les chaînes de télévision. Il parla sobrement de la peine de la nation, des blessures de l'Église, de la douleur des familles, de la souffrance des blessés, mais aussi de la solidarité des Français, de l'unité du peuple et de la force de la nation. Il affirma sa volonté de punir les auteurs jusqu'au dernier. Il en appela au rassemblement de la nation toute entière. Il affirma enfin sa détermination à agir pour protéger la France des vents mauvais qui se levaient.

Les Français prirent conscience à l'occasion de ces terribles attentats qu'une menace grave pesait désormais sur le pays. Une menace dont personne n'osait désigner clairement l'origine, l'enquête n'ayant pas encore abouti à des résultats concrets. Pour la première fois cependant, les autorités épiscopales fustigèrent avec énergie les auteurs de ces crimes odieux. Les médias multiplièrent les initiatives pour tenter de protéger le monde islamique des accusations silencieuses portées contre lui. Les musulmans de leur côté se firent discrets au point que beaucoup d'entre eux modifièrent un moment leur tenue vestimentaire pour faire disparaître tout signe distinctif.

Au plan politique, l'opposition, bafouant toute décence, chercha à faire peser sur le chef de l'État la responsabilité de ces actes odieux. « Le discours ouvertement raciste et islamophobe du pouvoir n'est évidemment pas étranger au fait que la France, la France catholique, ait été visée par les islamistes », déclara Bertrand Rastoin, au nom du Centre en marche. Quant aux partis de gauche, ils demandèrent au président de la République de renoncer purement et simplement à ses projets de loi anti-immigration. Au sein même de la coalition Peuple souverain, certains députés prirent peur et proposèrent de différer les projets de loi sur l'immigration afin, disaient-ils, « de ne pas jeter d'huile sur le feu. »

Le chef de l'État, quant à lui, vécut très douloureusement ces événements tragiques et consacra beaucoup de temps à rencontrer toutes les familles des victimes et à se rendre dans les hôpitaux pour visiter les blessés. Jamais cependant l'idée ne lui vint de différer son programme de réforme et, quand cette éventualité était évoquée devant lui, c'est de la colère qu'il exprimait. Il laissa cependant passer une semaine de deuil avant de répondre politiquement aux « partisans de la lâcheté et de la soumission » comme il les appelait.

Il le fit le samedi 15 janvier 2033, place de la Concorde à Paris, à l'occasion de la cérémonie nationale d'hommage aux victimes des attentats. Une cérémonie nocturne qu'il avait voulue à la fois esthétique, émouvante et grandiose afin de réveiller le sentiment patriotique et la volonté de résistance des Français. De fait, la proclamation des noms des victimes, l'utilisation des silences et des jeux de lumière, l'émotion créée par la musique et la lecture des poèmes, le sentiment de force communiqué par le discours, l'irruption du sacré au moment de la bénédiction, marquèrent l'esprit de tous ceux qui avaient participé à cet événement mais aussi des millions de téléspectateurs qui l'avaient suivi en direct sur leurs écrans.

Tous avaient retenu le message principal du discours prononcé par le chef de l'État :

— Si certains ont cru, à travers ces actes odieux, pouvoir infléchir la politique de la France, c'est qu'ils ne connaissent pas les Français. Notre projet de redressement national ne change ni dans le fond ni dans le calendrier. Le projet de loi portant sur l'arrêt de toute nouvelle immigration et sur l'expulsion effective des clandestins sera déposé dès la semaine prochaine sur le bureau de l'Assemblée nationale. Ceux qui voulaient nous faire reculer n'ont fait que renforcer notre détermination.

Le président de la République fut obligé de s'interrompre pour laisser passer la vague d'applaudissements qui emplit la place. Puis il reprit plus précis et plus menaçant :

— Et quand je dis "ceux-là" pour parler des criminels qui ont perpétré ces attentats, c'est bien sûr parce que l'enquête en cours n'a pas encore permis de les identifier. Mais ce soir, je ne ferai pas l'injure aux morts, aux blessés et à leurs familles, comme au peuple français tout entier de laisser croire que nous n'avons aucun soupçon sur l'origine de cette attaque. Nous savons que des groupes ou des individualités islamiques ourdissent au nom de leur djihad des complots contre la France et les Français. Ceux-là, je vous le dis, nous les combattons sur notre sol comme à l'étranger férocement et parfois secrètement : personne ne nous attaquera sans être durement puni. Mais je veux dire aussi aux musulmans qui n'adhèrent pas à l'islamisme radical qu'ils ne peuvent pas vivre sur notre sol comme si ces événements tragiques ne les concernaient pas. J'attends d'eux qu'ils soutiennent la France et les Français ouvertement et activement comme je dis à ceux qui apporteraient leur caution à cette cinquième colonne islamique qu'ils n'ont pas leur place chez nous.

Chapitre 11

Porte close

— Monsieur Delpin, votre loi sur l'immigration, baptisée un peu pompeusement « loi de sauvegarde du peuple français », est entrée en application depuis maintenant près d'un mois et demi et le moins qu'on puisse dire est qu'elle apporte pour l'instant beaucoup de trouble, d'agitation et de colère. Vous nous annonciez une remise en ordre, c'est plutôt un grand désordre qui en résulte. Pour reprendre le contrôle de la situation, allez-vous, comme le demande l'opposition, suspendre la mise en application de cette loi ? demanda Arthur Dussac, le journaliste qui réalisait en ce 15 mars 2033 le grand entretien politique hebdomadaire de TV1.

— Il n'en est pas question un seul instant, répondit avec fermeté le ministre de l'Intérieur. Certains ont voulu nous faire reculer en massacrant des Français dans leurs églises. Nous n'avons pas cédé ! Renoncer aujourd'hui comme le réclame l'opposition serait une atteinte à la mémoire de toutes les victimes des attentats du 9 janvier.

Depuis qu'il avait déposé sur le bureau de l'Assemblée nationale son projet de loi d'exception sur l'immigration, François Delpin devait faire face à une levée de boucliers. Il est vrai que ce texte était d'importance puisqu'il bloquait toute nouvelle immigration pour une durée de dix ans. Aussi l'opposition était-elle repartie en campagne contre Bolton et son nouveau gouvernement tant au parlement que dans la rue. À l'Assemblée, le travail de harcèlement se trouva cependant limité dans la mesure où le projet de loi présenté par Delpin ne comportait que trois articles. Dans la rue en revanche, le gouvernement dut affronter la nouvelle organisation d'extrême gauche dénommée Spartakus qui s'était constituée au lendemain des élections de décembre dernier. Mi-groupe politique, mi-milice populaire, cette organisation activiste entendait mener la guerre contre « Bolton et ses laquais » en recourant à toutes les formes possibles de propagande, d'intimidation et de violence, n'hésitant pas à dénoncer ce texte comme une loi fasciste.

Une accusation que Dussac ne manqua pas de relayer :

— Êtes-vous seulement conscient, monsieur Delpin, que votre loi est contraire à l'état de droit ? lança-t-il, agressif.

— Vous devriez savoir, répliqua Delpin, que l'état de droit qui instaure la primauté des juges sur les politiques est contraire à la démocratie et à la souveraineté du peuple.

— Mais votre loi est bien une loi d'exception, je ne me trompe pas ?

— Oui, tout à fait, et cela en application du principe selon lequel la loi suprême, c'est le salut du peuple. Un principe qui permet de prendre des mesures d'exception pour assurer le salut de la nation en cas de menace grave. Or, l'arrivée d'une immigration massive et totalement incontrôlée représente un danger majeur pour notre pays. Aussi avons-nous recours à une loi d'exception qui, à ce titre, abroge automatiquement tous les traités internationaux, les directives et règlements européens ainsi que tous les textes nationaux législatifs ou réglementaires qui lui sont contraires.

— Monsieur Delpin, relança Dussac, la mise en application de votre loi crée en tout cas beaucoup de troubles dans la vie des personnes concernées. Pouvez-vous apporter des réponses claires et concrètes à tous ceux qui s'interrogent ?

— Cette loi est pourtant très claire, répondit calmement François Delpin. Je peux la lire in extenso à l'antenne : elle ne comporte que deux articles significatifs.

— Allez-y !

— « Article 1 : Sont abrogées pour une durée de dix années toutes les dispositions relevant d'un traité international ou européen, d'une loi, d'un règlement ou d'une jurisprudence qui autorisent, facilitent ou encouragent l'arrivée et le maintien sur le sol national de nouveaux étrangers ressortissants d'un pays d'immigration.»

Delpin fit une courte pause et reprit :

— « Article 2 : Sont abrogées dans les mêmes conditions celles qui gênent, retardent ou empêchent l'expulsion des étrangers présents illégalement sur le territoire de la République. Le contrôle juridictionnel de ce dispositif qui n'est donc plus assuré par les juridictions ordinaires est confié à des tribunaux d'exception à créer à cet effet. »

Le ministre indiqua qu'un article 3 précisait une à une toutes les dispositions supprimées par la présente loi. Il ajouta enfin que la liste des pays d'immigration et le traitement des cas particuliers faisaient l'objet d'un décret du président de la République.

— Mais, pratiquement, qu'est-ce que ça veut dire ?

— Cela signifie tout simplement que les quatre dispositifs qui permettaient auparavant aux immigrés d'entrer légalement en France sont supprimés. Aucun visa autorisant l'arrivée légale d'un immigré n'est plus délivré, le regroupement familial est supprimé, le droit d'asile suspendu et l'accueil des étudiants provenant des pays d'immigration abandonné. Quant à la procédure d'expulsion, elle est soustraite au contrôle des juges.

— Vous voulez dire par exemple qu'un homme d'affaires américain ne peut plus venir en France, qu'un touriste chinois ne peut plus visiter notre pays ?

— Bien sûr que non, la loi ne concerne que les nationaux des pays dits d'immigration dont la liste a été établie par un décret. Il est clair que les pays qui ne sont pas une source d'immigration de peuplement ne figurent pas sur cette liste, pas plus d'ailleurs que ceux qui procèdent de la même civilisation que la nôtre, à commencer par les pays membres de l'Union européenne.

— Tout de même, j'en reviens à mon homme d'affaires, s'il est algérien ou irakien, il ne peut plus venir en France signer des contrats ?

— Mais si, évidemment ! Une procédure d'exception est prévue dans le décret pour des cas de ce type.

— En revanche, votre loi abroge le regroupement familial sans exception aucune.

— C'est exact, nous ne voulons plus d'une immigration de peuplement et donc les immigrés qui ne veulent pas se séparer de leur famille sont invités à la retrouver dans leur pays d'origine. Dès sa mise en place, ce regroupement familial n'a eu que des effets négatifs. Il était plus que temps de le supprimer.

Arthur Dussac ne sembla pas vouloir approfondir cette question. C'était pourtant l'arrêt du regroupement familial qui suscitait dans la population immigrée déjà présente en France la contestation la plus vive. Mais, désireux d'attaquer Delpin sur le maximum de sujets, le journaliste passa au point suivant.

— Plus grave encore, lança-t-il, vous mettez en cause ce droit fondamental qu'est le droit d'asile, un droit qui est pourtant au cœur des valeurs de la République !

— Vous savez parfaitement que le droit d'asile était complètement détourné de sa vocation première, répliqua Delpin. Il n'était plus qu'un moyen offert aux migrants pour entrer dans notre pays, pour être pris en charge par l'État français, puis, lorsque la demande d'asile était finalement rejetée, pour rester clandestinement en France contre la volonté des Français. Afin de réhabiliter ce droit, nous le suspendons donc pendant dix ans. Cela n'empêchera pas l'exécutif d'accepter quelques exceptions limitées à une centaine par an.

Une autre question porta sur les mesures prises concernant les étudiants étrangers. Delpin répondit que les facilités offertes pour permettre à des jeunes gens des pays d'immigration de venir faire leurs études en France avaient été presque systématiquement utilisées pour immigrer dans notre pays par des individus qui n'étudiaient pas et ne repartaient plus. Une situation qui avait donc conduit le gouvernement à suspendre l'accueil de ces prétendus étudiants.

Arthur Dussac chercha ensuite à minorer l'effet de la nouvelle loi :

— Avec toutes ces mesures vous prétendez mettre un terme à l'immigration légale, fort bien ! Mais tout laisse à penser que ceux qui ne viendront plus légalement viendront quand même, de façon clandestine cette fois, et vous n'aurez fait qu'aggraver la situation.

— C'est totalement faux, car parallèlement sont supprimées toutes les aides financières, quelles qu'elles soient, qui étaient versées aux clandestins ainsi que toutes les prestations offertes aux étrangers non européens. Autant vous dire que, pour un migrant, la France qui apparaissait jusqu'à présent comme un eldorado est devenue un territoire à fuir où il ne touche pas un sou et où il est considéré comme un délinquant à expulser au plus vite.

Delpin ne parla évidemment pas des actions clandestines lancées à grande échelle dans les pays d'émigration par les services secrets français pour donner de la France l'image d'un pays où il n'y a plus aucun intérêt à émigrer. Il garda pour lui également le fait que ces mêmes services avaient pour mission de détruire les réseaux de passeurs par l'élimination physique de leurs chefs.

Le journaliste changea à nouveau de sujet et interrogea François Delpin sur les initiatives navales de la France.

— La marine nationale, répondit le ministre de l'Intérieur, a concentré l'essentiel de ses navires face à la côte africaine en limite des eaux territoriales et dès qu'un bateau de migrants est repéré, il est arraisonné, ses passagers sont soignés, nourris et rembarqués aussitôt après sur des vedettes civiles qui les ramènent là d'où ils viennent. Quant à l'embarcation des passeurs, elle est coulée comme l'ont été plusieurs navires d'associations pro-immigrés.

Dussac déclencha une pause publicitaire, puis interrogea Delpin sur la question des expulsions.

Le ministre de l'Intérieur rappela que la procédure d'expulsion avait été intégralement soustraite au contrôle des juridictions ordinaires. Il n'était donc plus possible à un sans-papiers de multiplier les recours pour prolonger indéfiniment son séjour en France. La décision d'expulsion était prise par un arrêté préfectoral qui constatait l'absence de titre de séjour, une infraction très facile à établir. Quant au contrôle par la juridiction d'exception, elle était très rapide et sans appel.

Delpin ajouta que le clandestin, étant dorénavant considéré comme un délinquant, devait être arrêté dès que sa présence était signalée et n'avait par ailleurs plus accès aux services publics comme l'école ou la santé. Il précisa également que ceux qui venaient en aide aux clandestins commettaient eux aussi un délit qui les exposait à des sanctions pénales.

Ignorant les remarques acerbes du journaliste, Delpin indiqua que plus rien ne freinait, côté français, le processus d'expulsion, mais qu'il était en revanche considérablement ralenti par la mauvaise volonté que mettaient certains pays à délivrer des laissez-passer consulaires à leurs ressortissants condamnés à l'expulsion

— Que donnent les mesures de rétorsion contre ces pays ? demanda Dussac.

— Nous héritons d'une situation très malsaine, créée par la faiblesse indigne des gouvernements précédents qui, pendant des décennies, se sont toujours inclinés devant leurs interlocuteurs notamment algériens, accédant à toutes leurs demandes et renonçant à toutes les nôtres. Or, nous venons, nous, de dénoncer les traités qui accordaient aux ressortissants de ces pays des droits spécifiques sur notre sol. De surcroît, nous avons cessé de leur délivrer des visas pour la France. Ils sont furieux et croient pouvoir nous faire reculer avec la question des laissez-passer consulaires. Bien sûr, nous ne céderons pas et nous disposons encore d'autres moyens de rétorsion comme la suppression des aides au développement ou la réglementation des transferts financiers de la France vers ces pays. Nous avons commencé à actionner ces deux moyens, mais la situation demeure pour l'instant toujours bloquée. En tout cas elle le sera, à mon avis, tant que nous n'aurons pas pu rétablir avec ces pays de nouvelles relations fondées sur des bases saines. Aussi, dans le court terme, je mise pour ma part sur des solutions alternatives.

— Vous parlez du projet avec le Burundi et la Guinée Bissau ?

Le journaliste faisait allusion aux accords qui venaient d'être signés avec la Guinée Bissau à la corne occidentale de l'Afrique, et le Burundi au Centre-Est du continent. Ces deux petits pays allaient accueillir des individus expulsés de l'Hexagone, en contrepartie d'une contribution financière substantielle de la France. L'idée étant que les intéressés, une fois sur un sol étranger sans grandes ressources entreprendraient d'eux-mêmes de quitter le pays où ils avaient été expulsés pour rejoindre le leur par leurs propres moyens.

— Cette initiative qui est en cours de mise en œuvre, observa Delpin, devrait trouver prochainement son rythme de croisière et prouver alors son efficacité. Nous sommes d'ailleurs en contact avec d'autres pays qui se sont déclarés intéressés par cette formule. Bref, nous étudions toutes les possibilités qui s'offrent à nous pour parvenir à expulser d'ici à quatre ans au plus tard. tous les clandestins présents sur notre sol.

Le ministre de l'Intérieur passa cependant sous silence l'accord conclu avec l'autorité libyenne qui contrôlait une partie des provinces côtières du pays. La France était en train d'y terminer les infrastructures maritimes et les installations terrestres nécessaires pour accueillir un grand nombre de clandestins notamment tunisiens et algériens qui, une fois sur le sol libyen, seraient transportés par des moyens locaux à la frontière de leurs pays, plaçant les autorités algériennes et tunisiennes dans la situation de laisser rentrer leurs ressortissants chez eux ou de les maintenir dans des camps de fortune devant leurs postes frontières.

Arthur Dussac exprima à nouveau son scepticisme et réattaqua sous un autre angle :

— Vous avez fait sortir la France de l'espace Schengen. Résultat : des voyageurs et des transporteurs en colère qui ne peuvent plus franchir nos frontières sans connaître des files d'attente interminables, que ce soit dans les aéroports ou sur les autoroutes.

— Pour ce qui est des files d'attente, le gouvernement présente ses excuses aux usagers. Mais il ne s'agit là que de problèmes pratiques que les administrations concernées s'emploient à résoudre dans l'urgence avec les moyens exceptionnels que nous avons mis à leur disposition.

— Et que dites-vous aux professionnels, tels les restaurateurs, les artisans ou les agriculteurs qui craignent de voir leur activité péricliter faute de personnel et qui organisent une grande manifestation dimanche prochain pour demander que leur secteur soit exempté des rigueurs de votre loi ?

— La loi dont nous parlons a pour objectif d'empêcher l'arrivée de nouveaux immigrés, expliqua posément Delpin, elle ne vise pas à faire partir les étrangers en situation régulière actuellement présents sur notre territoire. À ce stade, nous ne supprimons donc aucune main-d'œuvre légale existante. J'ajoute que sur cette question le système économique doit s'adapter ! Il n'y a pas d'immigrés au Japon comme il y en a chez nous et pourtant c'est un grand pays industriel. Les postes pénibles devront être rendus plus attractifs par la mécanisation par exemple ainsi que par des rémunérations plus incitatives. Quant aux Français, ils devront comprendre qu'on ne peut pas indemniser éternellement des demandeurs d'emploi qui refusent d'occuper les postes vacants.

Puis, voyant que l'émission touchait à sa fin, Delpin garda la parole pour conclure :

— Il faut bien comprendre l'esprit de cette loi. Elle n'a pas de dimension idéologique, car elle n'a qu'un but : créer les conditions qui permettent de résoudre les problèmes posés par la présence d'une immigration massive et incontrôlée sur notre sol. Aussi, personne ne niant la réalité de ces problèmes, notre loi devrait-elle faire l'objet d'un consensus.

— Mais, c'est quoi ces conditions? coupa Dussac.

— Lorsque votre maison est inondée, vous commencez par stopper l'arrivée d'eau avant d'entreprendre sa rénovation. Pour résoudre les problèmes posés par les immigrés déjà présents sur notre sol, il faut cesser d'en laisser venir de nouveaux. C'est ce qui aurait dû être fait depuis longtemps. Nous le faisons aujourd'hui.

Chapitre 12

Nouvel élan

L'appartement de Tancrède Cabois était toujours aussi prestigieux et cependant les amis du maître de maison sentirent dès leur arrivée que quelque chose avait changé, un peu comme si les lieux venaient de perdre leur âme.

— Nous pourrons continuer à déjeuner ou dîner ici, déclara leur hôte comme en réponse aux impressions de ses amis, mais je viens d'installer ma famille à Londres, aussi serai-je moins présent à Paris.

— Je vous comprends, déclara Karamenti, nous avons subi une grave défaite. Notre dispositif de contrôle de la société française a été démantelé. Maintenant, tout peut arriver.

— C'est vrai, lança Léo Smarda, et le pire c'est que Bolton commence à mettre en œuvre son programme apparemment sans se laisser impressionner par les attentats ni par les oppositions qu'il soulève et, ce qui est encore plus étonnant, une majorité de Français le suit en dépit de tous nos efforts pour le discréditer à travers les médias.

— Vous avez raison, mais je voudrais nuancer un peu vos propos que je trouve trop catégoriques, intervint Éric Dobias. Il est indéniable qu'il bafoue l'état de droit et qu'il échappe à notre contrôle, mais il n'y a peut-être pas que du négatif dans son projet. Vous avez vu qu'il va sans attendre traiter des problèmes économiques ?

— Oui, mais que faut-il en conclure ?

— Eh bien, je pense que s'il s'attaque à la réduction des dépenses publiques et des prélèvements sur les entreprises avec la même brutalité que celle dont il a fait montre pour traiter de l'immigration, on obtiendra peut-être, sur ce plan-là au moins, des résultats bien supérieurs à ceux de ses prédécesseurs qui avaient pourtant notre soutien. Ce serait un comble mais ce serait quand même bon à prendre, non ?

De fait, le jour même, en ce 19 mars 2033, le président de la République devait prononcer à Tours un important discours devant les représentants du monde économique en ouverture du symposium auquel ils avaient été invités pour la présentation du plan gouvernemental baptisé Nouvel Élan. Que ce soient les entreprises ou les syndicats, les agriculteurs, les artisans ou les commerçants, les collectivités territoriales ou les services de l'État, les banques ou les grands services publics, l'école ou le monde scientifique, tous étaient présents pour un week-end au cours duquel devaient leur être données, secteur par secteur, toutes les informations sur le contenu détaillé du projet et sur la manière dont ils allaient pouvoir contribuer à sa mise au point définitive.

Le plan Nouvel Élan qui allait être présenté et soumis à débat avait été élaboré en un temps record par les services du ministère de l'Économie et des Finances, sous la houlette de Bernard Nanceau et de son équipe, ainsi que par les autres ministères concernés. Il avait l'ambition de définir l'ensemble des actions à mener et des objectifs à atteindre pour empêcher que la France continue de décrocher sur l'échelle des nations.

Après ce symposium de présentation de quarante-huit heures, les représentants du monde économique disposeraient d'un mois et demi pour formuler leurs observations et dialoguer avec les ministres compétents ou leurs représentants. Un processus de négociation qui devait rester dans un cadre strict car les grandes réformes prévues dans le projet Nouvel Élan figuraient dans le programme électoral des candidats victorieux de la coalition Peuple souverain. Aussi, le chef de l'État estimait-il qu'elles avaient déjà été validées par les suffrages du peuple. Par conséquent, si les discussions avec les partenaires sociaux permettaient d'améliorer le projet, elles seraient prises en compte. En revanche, si elles tendaient à remettre en cause le principe même du projet gouvernemental, elles seraient rejetées, le dernier mot revenant de toute façon au parlement dans le cadre d'un débat dont le chef de l'État souhaitait qu'il pût commencer au plus tard le 30 avril 2033.

En cette fin de matinée du 19 mars 2033, Jérôme Bolton présenta donc l'architecture du plan Nouvel Élan devant les quatre mille représentants du monde économique parmi lesquels figurait au fond de l'immense salle Marc lambrosi qui faisait partie de la délégation du Centre des petites et moyennes entreprises. Le chef de l'État déclara d'emblée qu'il s'agissait de créer une dynamique de redressement fondée sur l'effort, le travail, la compétence, l'excellence et la rigueur, mais aussi sur la justice, la solidarité et l'exigence ainsi que sur la souveraineté, le patriotisme, la puissance et l'ambition.

« Mais, pour créer cette dynamique du redressement, affirma Jérôme Bolton, il faut d'abord être bien conscient de l'état dans lequel se trouve aujourd'hui notre pays. Et comme nous n'avons pas de temps à perdre, je vais vous parler clairement : la situation de la France est aujourd'hui critique, notre nation est en train de perdre pied. Je ne vous assommerai pas avec des chiffres que vous connaissez tous, mais la France est aujourd'hui, de tous les pays développés, celui qui, au regard de l'importance de sa population, emprunte le plus, taxe le plus, dépense le plus, travaille le moins, perd d'année en année le plus en compétences scientifiques et techniques, en rentabilité par tête et en emplois industriels. Son déficit commercial bat tous les records, sa richesse par habitant ne fait que reculer et sa dette publique est insondable. »

Un lourd silence tomba sur l'auditoire que Bolton souligna en se taisant pendant un long moment. Puis, d'un ton plus grave, il expliqua qu'une situation aussi préoccupante ne pouvait être corrigée par des méthodes de gouvernement ordinaires, car le désordre, l'incompétence, le laisser-aller, la cupidité, l'irresponsabilité et la paresse étaient tels, selon lui, qu'il fallait un choc majeur pour inverser les courbes délétères et renouer avec quelques principes féconds et salvateurs.

« Aussi, affirma-t-il, avons-nous fait le choix d'un plan de très grande ampleur qui viendra bouleverser bien des positions acquises, beaucoup de privilèges indus et d'innombrables habitudes malsaines. On va nous objecter que ce plan est trop ambitieux, qu'il est mal préparé, qu'il manque de progressivité, que les sujets auraient dû être traités les uns après les autres. Je ne le pense pas car je crois que le moment est venu pour notre nation de se réveiller et de réagir comme si nous avions une guerre de survie à mener, une guerre sans merci pour préserver ce que nous sommes et repousser avec force le spectre de la décadence et de la disparition. »

« Ce plan, ajouta-t-il, vise donc à donner à notre peuple un nouvel élan. Un élan que nous ne trouverons que si chaque Français, impressionné par toutes les réformes qui vont être entreprises, comprend que c'est un grand changement qui est cette fois engagé. Certains estimeront sans doute que chacune de ces mesures devrait, comme par le passé, être longuement débattue et largement contestée, mais ce projet est d'une autre nature car c'est l'importance et le nombre des actions qui vont être engagées rapidement et simultanément qui créeront la dynamique de reconstruction dont notre pays a besoin pour sortir du marasme. »

Jérôme Bolton se tut. L'assistance, composée de personnalités peu enclines à l'enthousiasme, comprit qu'il fallait applaudir. Puis, satisfait d'avoir dégelé la salle, le chef de l'État commença à présenter le contenu du plan Nouvel Élan.

« Le premier objectif est de libérer la France du poids de la bureaucratie, déclara-t-il. Une bureaucratie qui pénalise tous les citoyens et tous ceux qui veulent entreprendre, réaliser, créer ou bâtir, et cela tant par les prélèvements auxquels elle les soumet que par les règlements tatillons qu'elle leur impose. Aussi faut-il réduire massivement toutes les structures administratives qui créent cette paralysie en limitant leurs dimensions et en simplifiant leurs règles. »

Et le chef de l'État d'annoncer la réduction à quinze du nombre de ministères et la suppression de 60 p. cent des organismes publics, comités, hautes autorités, etc., qui les entourent. Il évoqua aussi la réduction de moitié du budget des subventions en supprimant celles accordées à divers organismes plus ou moins parasites et sans utilité réelle. Il se prononça de plus pour une simplification de l'organisation des collectivités territoriales, notamment par la fusion des quatre-vingt-seize départements et des douze régions en une quarantaine de provinces. Il annonça également un plan de réaffectation des fonctionnaires entre les secteurs qui en manquent et ceux qui en ont trop ainsi que la réécriture de tous les codes pour les simplifier et réduire d'un tiers leur volume global.

Puis, sans laisser la salle réagir, il indiqua que tous ces efforts à engager pour réduire la bureaucratie devaient permettre l'allégement des charges et des prélèvements publics, qu'il s'agît des cotisations sociales ou des impôts de l'État et des collectivités. Rappelant que la France prélevait sur les entreprises et sur les citoyens plus de cinq cents impôts, taxes et cotisations divers, il fixa l'objectif de diviser par deux leur nombre et, pour ce qui est du total des sommes prélevées, d'aligner la France sur la moyenne des pays européens. Il précisa en outre que les prestations sociales non financées par une cotisation seraient réservées aux Français et aux Européens. Enfin, soulignant l'importance de toutes ces mesures, le chef de l'État déclara que l'objectif était de réduire de cent milliards d'euros les dépenses publiques tout en baissant les impôts de soixante milliards.

Cette fois-ci, une partie de la salle se manifesta par des applaudissements nourris, mais le président de la République poursuivit son propos en appelant à renouer avec le travail, un impératif essentiel, selon lui, à l'équilibre social et une condition indispensable au redressement. Aussi annonça-t-il la suppression définitive de la semaine de trente-cinq heures ainsi que la défiscalisation pour les entreprises comme pour les employés des heures supplémentaires. Pour assurer la primauté du travail sur le chômage et l'assistanat, il indiqua que les prestations sociales perçues par les ménages seraient globalisées et plafonnées à 65 p. cent du Smic. Il annonça que le système des retraites serait modernisé par la mise en œuvre d'un dispositif universel à points permettant à chacun de choisir l'âge de son départ en retraite, le montant de celle-ci dépendant du nombre de points accumulés par chacun.

Des mouvements et des murmures de protestation parcoururent une partie de la salle mais le président de la République les ignora, soulignant l'importance des efforts qui allaient devoir être faits pour la formation des Français afin de remonter le niveau général des jeunes générations.

« L'école devra être dorénavant centrée sur l'acquisition des connaissances fondamentales. L'exigence et l'excellence seront de règle. Le collège unique supprimé, les examens et les concours rétablis, les bourses délivrées au mérite, la sélection introduite à tous les niveaux. L'enseignement des sciences et des mathématiques sera réhabilité, la formation professionnelle valorisée et développée. L'université, libérée des emprises idéologiques, ne sera ouverte qu'à ceux qui le méritent. »

Là encore, les propos du chef de l'État provoquèrent des cris de protestation indignés, mais le président, loin d'être surpris par ces débordements, indiqua que la réindustrialisation de la France allait être une priorité majeure du nouvel élan. Une priorité à laquelle il était particulièrement attaché.

« Produire à nouveau sur le sol national, déclara-t-il, c'est créer de la richesse pour les Français et leur offrir des emplois de qualité. C'est aussi assurer notre indépendance stratégique et donc garantir notre approvisionnement en toutes circonstances. »

Le chef de l'État annonça alors solennellement que la France voulait rompre avec l'idéologie mondialiste et réclamait l'instauration d'écluses douanières aux frontières de l'Union européenne. Un dispositif qui imposerait aux produits importés en Europe des droits de douane calculés pour compenser les avantages indus qu'assurent aux pays d'origine les bas salaires qu'ils pratiquent, la faiblesse de leurs systèmes sociaux et la quasi absence chez beaucoup d'entre eux de normes antipollution. Un dispositif qui permettrait dès lors aux produits fabriqués sur notre continent de redevenir compétitifs par rapport aux produits importés sur le marché européen.

« S'il devient viable commercialement de fabriquer en Europe les produits vendus en Europe, lança-t-il, gageons que plus rien ne justifiera la délocalisation de nos entreprises. La réindustrialisation de la France et du continent pourra alors commencer à très grande échelle. » Là, Lambrosi fut ébranlé car pour la première fois, il entendait un chef politique affirmer ce qu'il ne cessait de dire en vain depuis des années.

Et Jérôme Bolton d'annoncer qu'au cours de son mandat, quand les circonstances le permettraient, il appliquerait, à titre d'aiguillon à l'intention des eurocrates, une taxe de dix p. cent sur les importations extra-européennes.

Il précisa à cette occasion que, parmi les plus touchés par les importations sauvages, figuraient les agriculteurs. En effet, ceux-ci se trouvaient accablés de normes, de charges et de contraintes technico-écologiques, alors que, dans le même temps, l'Union européenne ouvrait grand ses portes à l'importation de produits qui n'étaient soumis dans leur pays d'origine à aucune de ces règles. Le chef de l'État affirma que la France devait redevenir un grand pays agricole capable d'assurer l'autosuffisance alimentaire de sa population et d'exporter de surcroît des surplus importants. Pour ce faire, une nouvelle politique agricole serait mise en place qui réduirait les coûts, les règlements et les charges et réserverait en France la priorité aux produits français.

Revenant à l'industrie, le président affirma ensuite ne plus vouloir assister impuissant au rachat de nos fleurons industriels par l'étranger. Il annonça alors la création d'un fonds souverain devant atteindre les cent milliards d'euros afin de restructurer les secteurs industriels en difficulté et de reprendre le contrôle des filières stratégiquement essentielles. Il déclara que des dispositifs audacieux devraient être développés pour que, dans chaque secteur, il y ait demain au moins une entreprise française parmi les cinq premières firmes mondiales. Des comités ad hoc allaient donc être créés, réunissant dans chaque secteur industriel les grandes entreprises du secteur mais aussi les services de l'État et les scientifiques spécialisés dans la discipline concernée ainsi que les représentants du ministère des Affaires étrangères et des services de renseignement. Il se prononça pour la mise en place de mécanismes incitatifs propres à encourager l'investissement et à mieux diriger l'épargne des Français vers le financement des entreprises. Il annonça enfin que la politique énergétique de la France miserait à nouveau sur le nucléaire afin de livrer une électricité abondante et bon marché. Il indiqua qu'un programme de quinze centrales EPR serait lancé au rythme d'une par an dans les trois années à venir.

Le chef de l'État livra une conclusion très offensive qui étonna beaucoup de participants. Il déclara en effet que le gouvernement devrait en cinq années rattraper cinquante ans de passivité, de tergiversations, de reculades et de carences. Aussi ne pourrait-il pas organiser sur toutes ces actions capitales des concertations interminables et laisser, les unes après les autres, toutes les réformes s'enliser sous la pression des grèves ou des manifestations menées par des minorités indifférentes au sort de la nation. Il affirma donc que la totalité de ce plan Nouvel Élan serait lancée sans délai et que, sauf exception, tout serait soumis au parlement dans les deux mois à venir selon un calendrier qui permettrait sa mise en œuvre dès le début de l'année suivante, et cela en dépit des oppositions et des critiques qui pourraient survenir.

Le président observa une longue pause, puis, s'adressant à ceux qui portent une part de responsabilité dans l'élaboration du futur de la nation, il leur demanda solennellement de ne pas céder aux sirènes de la division, du scepticisme et de la facilité et de s'engager sans réserve pour la réussite de ce plan.

« Devant la France et devant l'histoire », il exhorta tous les Français à l'aider à accomplir cette rénovation essentielle en se rassemblant, au-delà de leurs intérêts propres, pour donner un nouvel élan à la France.

La salle se manifesta alors de façon contrastée. Certains, très hostiles à la remise en cause du statu quo et inquiets des avantages que pourraient perdre ceux qu'ils représentaient, restèrent de marbre. D'autres au contraire, comme Marc Lambrosi, gagnés par l'espoir, se levèrent et applaudirent longuement.

Chapitre 13

Ils étaient quatre

Les voitures, à bord desquelles avaient pris place les personnalités européennes constituant le fameux groupe des quatre, arrivèrent à l'Élysée le 4 mai 2033. Elles franchirent l'une après l'autre l'enceinte du Palais et s'arrêtèrent au milieu de la cour où les attendait Jérôme Bolton. Lorsque le groupe fut au complet, un détachement de la garde républicaine joua un air martial tandis que le chef de l'État et ses quatre invités traversaient la cour et gravissaient l'escalier du perron sur un tapis rouge immaculé. Cantonnés dans un espace réservé, journalistes et cameramen suivaient avec attention ce court cheminement, photographiant ou criant des questions qui restaient sans réponse. Arrivés sur le perron, les quatre visiteurs et leur hôte se retournèrent pour poser devant les photographes, puis entrèrent dans le palais.

Le groupe des quatre représentait l'Union européenne dans sa dimension la plus supranationale puisqu'il n'était composé que de personnalités nommées. Ce groupe qui s'était en quelque sorte auto-promu entendait mettre un terme à la fronde lancée par la France contre l'Europe bruxelloise. En effet, les lois qui venaient d'être votées à Paris concernant l'immigration ainsi que les projets de loi du plan Nouvel Élan contrevenaient à de nombreuses dispositions européennes que Bolton et son gouvernement avaient décidé ouvertement de ne pas respecter, créant d'emblée un contentieux avec l'Union européenne. Un contentieux juridique qui s'ajoutait à celui sur les « valeurs » provoqué, de son côté, par l'arrivée au pouvoir de « l'extrême droite » ainsi que par la mise en cause de l'état de droit. Face à ce qu'elles dénonçaient comme des transgressions, les institutions bruxelloises voulaient réagir vite et fort et beaucoup, dans les couloirs des immenses bâtiments européens de Bruxelles, parlaient déjà de sanctions contre la France.

Mais les eurocrates étaient inquiets de ne pas sentir le même empressement à sévir de la part des opinions publiques et des États de l'Union. De nombreux citoyens européens suivaient en effet avec intérêt sinon avec sympathie les faits et gestes du président français, notamment pour savoir s'il réussirait à stopper l'immigration dans son pays comme il l'avait annoncé. De leur côté, les gouvernements des États membres n'oubliaient pas que la France, État fondateur situé au cœur du continent, était le deuxième pays de l'Union et ne pouvait donc pas être traitée comme l'avait été la Hongrie quelques années plus tôt. La plupart d'entre eux se contentaient donc pour l'instant de condamner verbalement la France et son nouveau président, lequel subissait toujours une puissante campagne de diabolisation mais se trouvait dans le même temps placé au cœur de l'actualité dans tous les pays européens. Aussi la technostructure bruxelloise, de plus en plus autonome, avait-elle décidé de prendre l'initiative en utilisant son arme majeure, la Banque centrale européenne.

Déjà très fragilisée depuis de nombreuses années par son endettement et ses piètres performances économiques, la France connaissait, avec l'arrivée au pouvoir de Jérôme Bolton, des changements politiques majeurs qui, vus de l'étranger, pouvaient donner l'impression qu'elle allait droit vers le chaos. Aussi la confiance que pouvait encore inspirer l'État français dans les milieux financiers internationaux s'était-elle gravement affaiblie, les taux auxquels il empruntait avaient commencé à augmenter et, si la BCE cessait de le soutenir, il risquait de se retrouver en cessation de paiement. L'Union européenne disposait donc à travers la BCE d'un moyen de chantage propre à faire rentrer la France dans le rang. Aussi le groupe des quatre venait-il mener une sorte d'audit de la situation politique, économique et sociale de la France. Un audit qui n'était en réalité qu'un prétexte pour rencontrer le président français en position de force et tenter de le faire céder sous la menace d'une ruine brutale de l'économie française.

Cette démarche qui rappelait les méthodes humiliantes dont avait été victime notamment la Grèce lorsque son État s'était trouvé en situation de faillite, fut donc très mal accueillie en France, aussi bien par l'opinion publique que par tous les partis. À l'Élysée, où l'on s'attendait à une réaction forte de la technostructure européenne, il fut cependant décidé de ne pas minimiser le pouvoir de cette délégation ni la portée de ses initiatives.

Jérôme Bolton ne voulait pas que la France se comportât comme un mauvais élève pris en faute qui se cache, honteux de ses transgressions. Bien au contraire, le chef de l'État avait toujours présenté la remise en cause de certaines réglementations européennes comme le moyen de montrer l'inadaptation de la réglementation européenne et la nécessité d'une rénovation de l'Union dont il s'était fait le champion. Aussi avait-il été décidé de mettre en scène l'antagonisme opposant le groupe des quatre, incarnation de l'Europe bruxelloise coupée des peuples, et Bolton s'affirmant comme le promoteur de l'Europe nouvelle à reconstruire. Pour donner corps à cette mise en scène, il fut décidé de ne pas occulter ni minimiser la venue à Paris de ces quatre visiteurs, mais au contraire de les recevoir avec faste.

Le déjeuner auquel Bolton avait associé le Premier ministre ainsi que le ministre des Affaires étrangères, le ministre de l'Intérieur et celui de l'Économie, devait être consacré à un large échange de vues. Il fut gastronomiquement somptueux mais humainement glacial. La présidente de la Commission, Anna Bramhook, une femme sèche au visage travaillé qui arborait une chevelure blonde et opulente prononça un long réquisitoire contre la politique menée par la France, laquelle bafouait, selon elle, les valeurs essentielles de l'Union européenne. Elle stigmatisa la loi Delpin sur l'immigration, une loi qu'elle qualifia de raciste et même d'inspiration fasciste. Puis, Emilia Flori, la présidente de la Cour de justice européenne, enfonça le clou en explicitant sur le plan juridique l'ampleur des transgressions commises par les Français et l'importance des sanctions qui allaient en découler. Plus jeune que la présidente de la Commission, elle semblait dissimuler, derrière la douceur de son visage et l'élégance toute italienne de sa tenue, une passion froide que trahissaient son regard sans éclat et ses propos cassants.

Une fois l'accusation établie, le groupe des quatre passa aux menaces et aux représailles. Le président du Conseil européen, Eric Rolf, un homme chauve et barbu, prit alors la parole. D'après les textes du traité, il devait faire entendre la voix de l'Europe mais il avait été choisi pour le caractère effacé de sa personnalité et, conscient de n'être pas à sa place, il donnait l'impression déplaisante de ne pas croire à ce qu'il disait. Il indiqua donc d'une voix faible que la France devait se soumettre aux règles de Bruxelles ou s'exposer à la perte du soutien économique et financier des institutions de l'Union. Il fut même très précis :

— Ou vous renoncez à toutes vos mesures contraires aux règlements européens, ou la BCE laisse l'État français se retrouver en cessation de paiement.

Le président de la Banque centrale européenne, Hubert de Viturbe, un homme distingué et réservé qui semblait mal à l'aise dans ce groupe parla en dernier. L'esprit clair et tranchant, il expliqua froidement comment la BCE pouvait protéger la France de la faillite ou au contraire l'exposer à ce grave péril.

Jérôme Bolton, qui s'attendait à entendre ce qu'on lui disait, resta aimable et souriant. Il ne répondit presque rien à Mme Bramhook sur la question des valeurs mais se montra en revanche très explicite à propos des menaces brandies par ses interlocuteurs :

— Je serai clair avec vous. Le gouvernement français ne changera rien à sa décision de ne pas respecter les règles bruxelloises qui s'opposent à ses projets. Cette position restera la nôtre tant que des négociations ne seront pas ouvertes entre les États membres pour une rénovation de l'Union.

Puis, se tournant vers le président de la BCE :

— Quant à la menace que vous brandissez de ruiner délibérément l'économie française, la deuxième d'Europe, je ne suis pas certain que sa mise à exécution ne provoque pas également de graves dommages à l'économie européenne toute entière. Comme vous le dites souvent, nos économies sont très imbriquées les unes dans les autres.

Bernard Nanceau, le ministre de l'Économie, ajouta qu'un tel sabotage de l'économie française par l'Union européenne risquait de surcroît d'être inopérant, compte tenu des réformes de grande ampleur qui allaient être menées par le gouvernement pour assainir les finances de l'État et relancer l'économie nationale.

Eric Rolf intervint alors, faisant montre d'une connaissance approfondie de la situation française :

— Vous allez peut-être réussir à faire voter l'ensemble des textes de loi de votre projet Nouvel Élan, mais vous êtes toujours confronté à une très forte opposition. Pour l'instant, on ne peut donc pas dire que vous avez créé un nouvel élan dans votre pays. Ce serait plutôt un immense enlisement.

De fait, malgré le succès d'apparence du symposium qui avait séduit l'opinion publique, aucun accord global n'avait été conclu sur l'ensemble des textes avec aucun des partenaires sociaux. Chacun d'entre eux avait en effet trouvé matière à critiquer tout ou partie du train de neuf lois qui formait le projet Nouvel Élan. Aussi le président de la République avait-il refusé que le gouvernement s'engageât plus avant dans des discussions avec les partenaires sociaux qui auraient été interminables et incertaines. Il avait donc décidé de lancer sans plus attendre la procédure parlementaire d'adoption du projet Nouvel Élan.

Cette volonté d'aller de l'avant avait aussitôt déclenché un puissant mouvement de protestation. Des manifestations assorties d'actes de violence s'étaient multipliées à travers le pays. Un ordre de grève générale avait été lancé et de nombreux services publics se trouvaient bloqués. Les transports urbains étaient à l'arrêt, les TGV fonctionnaient selon des horaires erratiques. Les ordures n'étaient plus ramassées dans certaines villes, les coupures de courant se multipliaient et l'essence comme le gas-oil se faisaient de plus en plus rares. Depuis quinze jours la France vivait donc au ralenti. Une situation de blocage, de violence et de troubles qui gênait tous les secteurs d'activité du pays et offrait aux syndicats et aux mouvements activistes comme Spartakus une nouvelle opportunité d'exister et de faire parler d'eux.

— Monsieur le président du Conseil européen, déclara Bolton, je suis le premier à déplorer le désordre et la paralysie dans lesquels nos opposants plongent notre pays. Mais je dois dire que les Français qui les suivent ont de bonnes raisons d'être en colère, même s'ils l'expriment à contre-temps, car depuis des décennies, on les entraîne sur une voie qui ne pouvait que les mener à des catastrophes.

— Vous mettez en cause vos prédécesseurs, lança Anna Bramhook, c'est de bonne guerre, mais nous ne sommes pas dans un débat électoral et nous, nous ne connaissons que vous pour rendre compte de ce qui se fait en France.

— Vous vous trompez, madame, déclara le président de la République. Je mettais en cause la classe politique française, c'est vrai, mais aussi les véritables responsables de nos difficultés, ceux que nos dirigeants ont toujours suivis, je veux parler de vous, les technocrates de Bruxelles.

— Comment cela ? lança le président de la BCE.

— Cela fait maintenant plus de quarante ans que vous conduisez les pays européens sur la voie de la mondialisation en expliquant à leurs citoyens qu'elle leur apporterait une plus grande prospérité. Or, en France, c'est l'appauvrissement qui est survenu. Exactement le contraire de ce qui avait été promis ! Il est donc temps que nos compatriotes prennent clairement conscience de cette réalité : la perte du pouvoir d'achat qu'ils subissent est la conséquence logique d'un appauvrissement général et continu de la France provoqué par la politique mondialiste voulue par Bruxelles.

— Ce que vous dites est absurde, lança la présidente de la Commission, de plus en plus exaspérée.

— Madame Bramhook, répliqua Bolton, vous parlez bien aujourd'hui de réindustrialisation, non, et si vous le faites, c'est parce que de nombreux pays d'Europe comme la France ont connu une désindustrialisation massive provoquée par la concurrence sauvage du libre-échangisme mondial que vous avez prôné. Le résultat de cette politique, nous le vivons aujourd'hui, c'est l'appauvrissement de l'Europe, en tout cas de la France, et l'enrichissement de pays émergents comme la Chine.

Après une courte pause, Bolton reprit en fixant du regard la présidente de la Commission :

— Un appauvrissement qui provient également de la charge que représente pour nos compatriotes l'immigration massive entraînée par l'ouverture des frontières européennes et de laquelle nous devons aujourd'hui nous protéger.

— Pourtant, la question du pouvoir d'achat n'a surgi dans le débat public que dans les années 2010, lança Emilia Flori.

— Certes, mais c'est parce que cette perte de richesse due au mondialisme économique et migratoire a été occultée pendant des décennies par le recours à l'emprunt ! rétorqua le ministre de l'Économie. Nos prédécesseurs cherchaient en effet par ce moyen à dissimuler les conséquences désastreuses de leurs choix. Ainsi s'explique l'importance de notre endettement qui s'élève actuellement à plus de quatre mille milliards d'euros et comme notre nation peut de moins en moins emprunter, les Français se retrouvent peu à peu confrontés à la réalité, celle de l'appauvrissement de leur pays.

Ignorant Nanceau, Anna Bramhook se tourna vers Bolton, très agacée :

— Moi, je constate simplement que les troubles résultant de votre politique, qu'elle soit économique, sociale, migratoire ou européenne, conduisent tout droit votre pays au chaos.

— Madame Bramhook, vous ne semblez pas avoir compris un point essentiel, répondit le chef de l'État. La situation dans laquelle nous nous trouvons n'est pas du tout comparable à celle dans laquelle se sont trouvés beaucoup de mes prédécesseurs. Eux déclenchaient des mouvements sociaux importants pour des réformes mineures. Avec le projet Nouvel Élan, c'est très différent car toutes les réformes nécessaires au redressement national y sont incluses. Donc, je le reconnais, nous avons connu une forte agitation qui va peut-être durer encore quelque temps, mais lorsque notre train de réformes sera voté, il nous permettra, à lui seul, de faire repartir l'économie du pays.

— J'ai un peu l'impression, déclara alors le président de la Banque centrale européenne, que nous arrivons en France un an trop tôt car, si toutes les mesures prévues dans le plan du gouvernement sont effectivement mises en œuvre, elles correspondent à bien des égards à ce que nous exigeons d'un pays en difficulté pour lui venir en aide.

Un silence un peu gêné suivit cette déclaration et Hubert de Viturbe poursuivit :

— Bien sûr, s'il s'agit de représailles, c'est différent, mais je ne sais pas s'il est sage d'utiliser les mécanismes économiques comme instrument de sanctions politiques.

La présidente de la Commission lança un regard furieux à Viturbe mais Bolton s'engagea dans la brèche :

— Je vous remercie de ce constat, monsieur le président, déclara-t-il avec un sourire et je propose que vous reveniez dans un an pour mesurer les premiers effets de notre plan.

Puis, se tournant vers Anna Bramhook :

— Un bilan pourrait alors être effectué aussi sur l'autre sujet, celui de notre politique d'immigration.

Furieuse, la présidente de la Commission voulut recadrer la discussion mais Bolton l'interrompit :

— Madame Bramhook, les équipes qui vous accompagnent pourront se livrer au travail d'audit que vous souhaitez mais, pour le reste, je vous ai déjà donné la réponse de la France et elle ne changera pas. C'est à vous de nous dire si, pour éviter une refondation de l'Union, vous êtes prête à ruiner l'économie d'un des plus grands États membres et par voie de conséquence celle de l'Europe entière.

Sans laisser son interlocutrice réagir, Bolton indiqua alors qu'il voulait ajouter un dernier point à l'agenda de la rencontre. C'est donc d'un ton plus grave qu'il reprit :

— Madame la présidente de la Commission, monsieur le président du Conseil, la France demande officiellement la tenue d'une conférence intergouvernementale des vingt-sept États membres afin de refonder l'Union. Je vous remets également un mémorandum à destination des États membres qui explicite notre intention.

C'est par cette demande solennelle que le chef de l'État ouvrit la conférence de presse qui suivit.

Chapitre 14

Cendres et repentir

Organisée dans le bois de Vincennes par le groupe Nihilo, le samedi 7 mai 2033, la journée « Cendres et Remords » qui réunissait comme tous les ans les militants wokes de la région parisienne, devait, selon ses porte-parole, connaître cette année une mobilisation record pour dénoncer le pouvoir « néofasciste » de Bolton. Et, de fait, plus de cinq mille personnes avaient répondu à l'appel des associations wokes et se trouvaient rassemblées dans une vaste clairière face à une grande estrade où siégeaient cinquante militants, tous vêtus de noir. Sur le côté avait été installé un pupitre derrière lequel des orateurs se succédaient pour rappeler avec hargne et colère les innombrables exactions commises par les hommes blancs.

Tel était en effet l'objet de la manifestation : amener chaque participant à se remémorer l'ampleur des crimes commis dans l'histoire de l'humanité par l'homme blanc, sa race, ses nations, sa religion et sa prétendue civilisation. La journée devait ensuite être consacrée à la repentance des coupables, symboliquement mise en scène sous la forme d'une cérémonie dite « des cendres. »

Celle-ci commença après les discours, lorsque le silence se fit et qu'un tombereau de cendres eut été solennellement déposé au milieu de l'estrade. Parcourant alors l'allée qui traversait la foule, un homme blanc, nu, se présenta face aux cinquante militants debout sur la tribune. Aucun d'eux n'était blanc puisque tous ensemble ils étaient censés représenter le monde non occidental qui avait été oppressé par les Européens et dont l'un d'entre eux se trouvait devant eux humilié et repentant. Ce dernier prit le micro qu'on lui tendit et déclara être coupable de la colonisation de l'Afrique et à ce titre coupable d'une liste impressionnante de crimes et de méfaits qu'il énuméra laborieusement. Puis, sortant du groupe des cinquante, une femme noire s'avança vers lui :

— Te repens-tu de tes crimes ?

— Oui, je me repens.

L'homme fut alors couvert de cendres par l'ensemble des cinquante militants de couleur et la femme lui dit :

— Va et cesse d'exister.

Une quinzaine de repentis passèrent ainsi à la tribune, chacun chargé d'un crime différent. Il y eut les croisades, la destruction des civilisations précolombiennes, le réchauffement climatique, l'esclavage des noirs, l'utilisation de sources d'énergie non renouvelable et bien d'autres encore, déchaînant à chaque fois la colère un peu hystérique de la foule.

Puis, les hommes nus couverts de cendres durent quitter les lieux tous ensemble en traversant la foule sous les huées, les cris de haine et les gestes obscènes des spectateurs. Mais, au milieu de leur parcours — était-ce la volonté des organisateurs ? on l'ignorait encore —, l'un des repentis fut soudain violemment agressé par un spectateur et, comme si ce geste avait donné le signal, tous furent assaillis par la foule dans une confusion totale. Les quinze repentis, dont la majorité restèrent passifs et soumis, furent roués de coups, jetés à terre, et leurs corps sans défense frappés à coups de pied rageurs pendant de longues minutes. Lorsque le calme revint, l'espace une fois libéré de tout participant, les services de secours dénombrèrent un mort et quatre blessés parmi les repentis.

Tout avait été filmé et diffusé en direct par une chaîne d'info continue et l'émotion fut grande dans le pays. Le chef de l'État qui avait visionné des extraits de ce spectacle aussi morbide qu'extravagant demanda qu'une réunion d'urgence fût convoquée pour faire le point de la lutte anti-woke.

Le mardi suivant, 10 mai 2033, le président ouvrit la réunion en demandant un peu agacé à Victor Marsac où il en était de la lutte anti-woke. L'intéressé occupait une fonction un peu particulière dans le gouvernement. Avec la presse et les médias, il n'était pas chargé d'un portefeuille très lourd et pourtant il occupait une position hiérarchique élevée car, au-delà de cette responsabilité institutionnelle, le chef de l'État lui avait confié la mission d'agir sur l'opinion pour contrer la propagande politiquement correcte. Marsac avait donc rassemblé une équipe de professionnels pluridisciplinaires et, soutenu par un budget important, il lançait officieusement des campagnes de réinformation. Le programme anti-woke qu'il avait préparé était de loin le plus ambitieux et le plus délicat de tous ceux qu'il avait eu à mettre en oeuvre jusqu'à présent car il demandait la coopération et l'intervention d'autres ministères.

— Monsieur le président, nous avons avancé aussi vite et aussi loin que nous le pouvions, mais jusqu'à présent, la priorité était donnée à l'arrêt de l'immigration et au nouvel élan économique et social. Des priorités que je ne conteste nullement, mais qui ne nous ont pas laissé de créneau disponible à court terme dans l'ordre du jour de l'Assemblée nationale pour faire voter les lois dont nous avons besoin.

— C'est vrai, reconnut le Premier ministre, le projet du ministre de la Communication est prêt, il est sur mon bureau. Nous devions vous le soumettre prochainement.

— Eh bien, je crois que c'est le moment de le faire, non ? répliqua Bolton en regardant Marsac.

Dès l'arrivée au pouvoir de Jérôme Bolton, le wokisme avait été considéré par les équipes dirigeantes de la coalition Peuple souverain comme un sujet de préoccupation majeur car il représentait pour elles l'expression la plus aboutie de tout ce qu'ils combattaient sur le plan sociétal. Plus connu du grand public sous le nom de Nihilo, le nom de son organisation activiste, ce courant de pensée venant des États-Unis s'était, au cours de la dernière décennie, fortement développé en France où il jouissait dans le monde culturel et universitaire d'une influence de plus en plus grande. Une situation par ailleurs surprenante pour un courant qui professait le relativisme absolu, allant jusqu'à nier les vérités scientifiques, à rejeter la raison, à cultiver les contradictions et cela au nom de la tolérance, une vertu que ses adeptes étaient pourtant loin de pratiquer.

Mais, au-delà de ses prétentions intellectuelles, le wokisme se caractérisait surtout par sa capacité à influencer, voire à sidérer de nombreux milieux très différents au point qu'on retrouvait sa trace derrière toutes les initiatives idéologiques de destruction de la civilisation.

Ainsi, le wokisme avait assuré la promotion de la théorie du genre au point de faire entrer certaines de ses associations dans les écoles pour demander aux enfants s'ils voulaient être des filles ou des garçons. C'était lui qui avait relancé le féminisme, faisant de l'égalité homme femme un dogme intangible qui devait s'imposer en tout lieu et à tout propos et qui finissait par prendre la forme d'une véritable guerre des femmes contre les hommes. C'était lui encore qui était responsable de l'introduction de l'écriture inclusive à l'école primaire faisant ainsi exploser le taux d'analphabétisme en France. C'était lui aussi qui se faisait le chantre de « la lutte contre toutes les discriminations », allant de ce fait jusqu'à promouvoir tout ce qui pouvait effacer les différences même les plus naturelles comme le sexe des individus dont le caractère spécifique devait être effacé par le droit d'en changer. C'était enfin sous son influence que beaucoup avaient dépassé le stade de la lutte contre le racisme pour pratiquer un racisme anti-blanc systématique et assumé.

« Ce mouvement, disait souvent Lucas Faral, est le plus dangereux propagateur du poison qui ronge les sociétés occidentales et la nôtre en particulier : la haine de soi. »

Marsac, un peu agacé par l'attitude du président de la République, jeta un coup d'œil au Premier ministre puis sortit son dossier et, tout en en tournant les pages, énuméra d'une voix forte et claire, catégorie par catégorie, l'ensemble des actions qu'il proposait de mener contre le wokisme. Jérôme Bolton posa de nombreuses questions, fit certaines suggestions et conclut :

— Bien, Marsac, ce projet me paraît satisfaisant.

Puis, se tournant vers l'ensemble des participants, il déclara :

— La lutte contre le wokisme est au cœur de notre combat pour la défense de notre civilisation, ce doit être une priorité majeure du gouvernement.

Dix jours plus tard, le chef de l'État donna le signal. Dans un long entretien accordé à *la Ligne*, un hebdomadaire qui s'intéressait encore à la pensée politique, le président de la République s'appuya sur les événements fantasmagoriques du bois de Vincennes pour lancer l'offensive du pouvoir contre le wokisme. À droite sur la double page qui lui était consacrée, un encadré mettait en exergue un court extrait de ses propos :

« Le wokisme n'est plus un courant de pensée, il est devenu une force militante qui cherche à détruire notre civilisation. Nous devons le combattre. » Dans les quelques mois qui suivirent, l'offensive anti-woke du gouvernement allait en effet être menée avec énergie.

Ce furent d'abord les conséquences du drame du bois de Vincennes qui s'abattirent sur le mouvement wokiste. Du côté judiciaire, l'enquête pénale conduisit douze de ses responsables devant les tribunaux dont neuf furent condamnés à de petites peines de prison avec sursis. Mais, du côté de l'exécutif, les organisations wokes qui appartenaient à la nébuleuse Nihilo furent considérées comme coresponsables du meurtre perpétré lors de la manifestation du bois de Vincennes et à ce titre furent toutes dissoutes par une décision du ministre de l'Intérieur François Delpin qui, pour éviter qu'elle soit cassée par un juge administratif, lui donna la forme d'une loi. S'ensuivit une période un peu troublée pour les militants wokes que la DGSI mit à profit pour infiltrer leur milieu et mettre en place un dispositif de surveillance.

Les équipes de Marsac s'intéressèrent parallèlement aux universités où le wokisme avait pris son envol. Les universitaires wokes devenus fort nombreux n'hésitaient plus en effet à pratiquer le favoritisme pour assurer la promotion des professeurs et des étudiants appartenant à leur obédience. Afin de mettre un terme à cette forfaiture, la ministre de l'Éducation nationale, Chloé Massoli voulut dépêcher sur le terrain l'inspection générale de son ministère, mais il s'avéra que le corps des inspecteurs généraux était lui-même gravement gangrené par le wokisme. Aussi fut-il nécessaire de créer un corps spécial d'inspection dont les membres, choisis par la ministre, furent envoyés successivement dans toutes les universités afin d'enquêter sur ces pratiques, soumettre à sanction ceux qui s'en rendaient coupables et rétablir dans leur droits les professeurs ou les étudiants lésés.

Quant aux programmes d'étude et de recherche portant sur le wokisme, certains auraient voulu les interdire, mais cette mesure fut finalement abandonnée au nom des libertés universitaires.

En revanche, les initiatives d'inspiration woke qui avaient été légalisées par les prédécesseurs de Bolton furent remises en cause les unes après les autres.

L'écriture inclusive fut ainsi proscrite dans les programmes scolaires comme elle fut interdite dans tous les documents émis par l'administration ou par les entreprises, ainsi que dans ceux destinés au public.

La théorie du genre cessa d'être prise en compte dans les écoles où la différenciation des sexes fut rétablie, notamment dans les méthodes et les supports pédagogiques. Dans le même esprit, toutes les administrations, tous les établissements publics et l'ensemble des entreprises privées se virent rappeler que la République ne connaissait que deux sexes et que leurs formulaires d'identité devaient rester conformes à cette réalité.

De même, tous les quotas visant à la parité entre les sexes furent supprimés. Considérant qu'ils avaient pu être utiles provisoirement pour faire sauter des blocages ancestraux, mais que ceux-ci ayant maintenant disparu depuis de nombreuses années, ils n'avaient plus lieu d'être, s'étant révélés à la fois humiliants pour celles qui en bénéficiaient et injustes pour ceux qui en étaient victime

Par ailleurs, des dispositions législatives furent prises afin de défendre les valeurs qui fondent la civilisation européenne et que le wokisme cherchait précisément à détruire.

S'agissant de la question fondamentale de l'histoire de la nation et de la représentation qu'on en donne aux Français pour concrétiser leur sentiment d'appartenance, les événements glorieux de l'histoire nationale furent mis en avant aussi bien dans les manifestations publiques que dans les programmes scolaires. Toutes les lois mémorielles et toutes les célébrations officielles faisant référence à une quelconque culpabilité de la France dans son histoire furent abandonnées.

Une politique démographique visant à encourager la natalité fut mise en place pour inciter les familles françaises à avoir davantage d'enfants. Et cela aussi bien par l'amélioration de leur niveau de vie que par la valorisation du statut social de la mère de famille. Le recours à l'avortement fut maintenu mais une politique ambitieuse fut lancée afin d'aider les femmes à ne pas y avoir recours. De même, les projets d'interruption volontaire de la vie furent stoppés.

Enfin, le discours des acteurs publics agissant sous l'autorité du gouvernement fut entièrement reconstruit pour être purgé de toute idée wokiste sous-jacente.

Les manifestations obsessionnelles concernant l'écologie et le sauvetage de la planète diligentées en son temps par l'État, sous forme de discours irresponsables, de publicités infantilisantes ou de mesures coercitives, furent ainsi massivement réduites.

Le discours officiel à l'égard des immigrés fut également profondément transformé. Au lieu de se lamenter sur les conditions de vie des intéressés, toujours qualifiées de difficiles, ainsi que sur les prétendues discriminations dont ils seraient victimes en raison d'un comportement raciste des Français, c'est l'inverse qui dut dorénavant être exprimé par les responsables publics. Ceux-ci furent dés lors tenus de souligner combien la France avait été généreuse envers les immigrés en leur ouvrant ses portes et en leur accordant toutes sortes d'avantages qu'ils ne trouvaient pas chez eux. Et combien en retour ces derniers devaient donc lui être reconnaissants, en la servant, en l'honorant et surtout en respectant ses lois et ses citoyens.

Le discours sur l'identité de la France, définissant celle-ci comme un ensemble de valeurs partagées dénommées « valeurs de la République » fut abandonné pour une définition plus concrète, plus charnelle et plus exclusive. La France fut ainsi définie comme un peuple européen doté d'une culture enracinée dans l'héritage gréco-romain, façonné pendant des siècles par le christianisme, installé sur un territoire au cœur du vieux continent et marqué par une riche histoire de plus de quinze siècles qui fait d'elle une nation unique.

Le discours prétendument social laissant croire que l'assistanat est un droit et que l'État doit subvenir à tous les besoins des individus, quelle que soit leur conduite, avait aussi été abandonné pour un discours public encourageant le travail et l'effort tout en justifiant la récompense des talents, du mérite et du service apporté à la communauté.

Enfin, le ministre de la Communication prévoyait de prendre des initiatives pour ramener à la raison les entreprises productrices de spots publicitaires et leurs clients qui donnaient à voir de plus en plus de films distillant une propagande pour le métissage, l'homosexualité et le racisme anti-blanc.

Toutes ces mesures suscitèrent les unes après les autres des levées de bouclier de la part des minorités, consciemment ou inconsciemment proches du wokisme, qui se jugèrent lésées ou prétendirent que des valeurs ou des droits fondamentaux étaient bafoués. Des oppositions auxquelles venaient s'ajouter celles concernant les lois sur l'immigration et le Nouvel Élan qui, toutes se heurtant au mur de la détermination gouvernementale, finirent par produire une mauvaise musique que la grande majorité des Français cessa d'écouter et n'entendit même plus.

Chapitre 15

Ballade à Sotchi

En ce jeudi 19 mai 2033, Jérôme Bolton se trouvait dans l'Airbus de la présidence de la République qui se dirigeait vers Sotchi, une charmante station balnéaire russe située au bord de la mer Noire où il devait rencontrer son homologue Viktor Borosilov. Confortablement installé dans le bureau qui lui était réservé à l'avant de l'avion, Jérôme Bolton était tendu tout comme l'étaient les hauts responsables qui l'accompagnaient. Que ce soit le général Gavoile, son chef d'état-major particulier, Arnaud Dewavrin le ministre des Affaires étrangères, Bernard Nanceau le ministre de l'Économie ou Hugo Lefèvre le ministre de la Défense, tous restaient silencieux, le visage fermé. Dans la grande cabine du fond de l'appareil, une quinzaine de conseillers militaires et diplomatiques s'activaient dans une ambiance fiévreuse. Enfin, dispersés sur les sièges du milieu de l'avion, étaient installés une vingtaine de journalistes français dévorés de curiosité mais dans l'ignorance à peu près totale des objectifs de ce voyage auquel la présidence de la République les avaient invités.

L'initiative que prenait le chef de l'État avec ce déplacement était en effet audacieuse et beaucoup dans son entourage avaient tenté de l'en dissuader. Elle allait notamment irriter la puissante présidente de la Commission européenne qui était déjà très remontée contre

Jérôme Bolton après l'échec de son déplacement à Paris. De retour à Bruxelles, elle avait en effet dû renoncer à toutes représailles monétaires contre la France, faute d'être suivie par le Conseil européen et la Banque Centrale européenne. Elle avait certes obtenu le blocage de certains fonds alors dus par l'Union à la France, des fonds dont Bernard Nanceau, le ministre des Finances, avait cependant annoncé qu'ils seraient défalqués de la contribution que la France versait chaque année à l'Union.

Mais Bolton ne s'intéressait guère aux humeurs de Mme Bramhook et considérait avec Dewavrin que l'initiative qu'il prenait avec ce voyage éclair à Sotchi était, certes risquée, mais qu'elle pouvait aussi ouvrir la voie à un changement géopolitique majeur. Regardant par le hublot, Jérôme Bolton songeait à l'Ukraine qui s'étendait au loin sur sa gauche, ce pays naguère presque ignoré qui se trouvait aujourd'hui encore au cœur du destin de l'Europe.

D'ici un mois en effet, devait avoir lieu une importante réunion du Conseil européen de l'Union pour prendre la décision finale d'accepter l'adhésion de l'Ukraine à l'Union européenne. Les négociations pour mettre au point le traité d'adhésion avaient été laborieuses car, même avec une procédure simplifiée et des critères volontairement moins exigeants qu'à l'habitude, l'Ukraine avait eu de grandes difficultés à se conformer aux normes requises pour être admise dans l'Union. Elle y était néanmoins parvenue grâce au soutien appuyé de l'Allemagne ainsi que de la Commission européenne qui, sur ordre de sa présidente, avait usé de tous les subterfuges juridiques imaginables pour rendre cette adhésion possible.

Une adhésion en réalité voulue par les Américains pour placer l'Union européenne dans une position structurellement agressive à l'égard de la Russie rendant ainsi définitivement impossible toute entente entre les deux ensembles. Peut-être même voulaient-ils aussi par cette provocation à son encontre pousser la Fédération de Russie à reprendre la guerre contre l'Ukraine. Les États-Unis avaient d'ailleurs préparé cette éventualité depuis plusieurs années en reconstruisant une armée ukrainienne bien formée et correctement équipée.

Depuis « l'opération spéciale » engagée par la Russie dix ans plus tôt, les positions entre les deux belligérants s'étaient par ailleurs progressivement figées. Les Russes avaient considéré qu'en occupant une grande partie du Donbass ainsi qu'une bande côtière assurant la jonction de leur territoire avec la Crimée, ils avaient atteint des buts de guerre satisfaisants. Aussi avaient-ils consolidé leurs positions, contraignant les Ukrainiens à des assauts aussi vains que lourds en pertes humaines, qui les avaient progressivement découragés. Les Russes avaient alors poussé leur avantage en occupant les territoires qu'ils estimaient pouvoir défendre le plus efficacement possible. Le front s'était ensuite durablement stabilisé, notamment le long de la frontière naturelle que constituait le Dniepr au sud. Aucun armistice n'avait cependant été signé, aucun cessez-le-feu n'avait même été déclaré, mais une sorte de paix armée s'était instaurée qui avait duré jusqu'alors. Une configuration qui à l'évidence ne plaisait pas aux États-Unis car jugée trop favorable à la Russie.

Aussi lorsque Jérôme Bolton avait pris ses fonctions, la perspective d'une deuxième guerre en Ukraine était-elle à nouveau dans l'air. Or le président français avait déjà été choqué par la manière dont les Américains avaient provoqué la première guerre. En réaffirmant sans cesse la vocation de l'Ukraine à faire partie de l'Otan et de l'Union européenne tout en refusant la moindre négociation avec la Russie, les États-Unis avaient en effet habilement conduit le président russe à lancer son « opération spéciale. » Dès lors, les Ukrainiens s'étaient retrouvés dans la situation de devoir se battre contre les Russes pour servir la stratégie impériale des Américains de division et de soumission de l'Europe. Une manœuvre qui avait d'autant plus indigné Jérôme Bolton que les structures bruxelloises de l'Union européenne avaient activement soutenu l'initiative américaine, n'hésitant pas à aller contre les intérêts vitaux de l'Union et de ses États membres.

Le président de la République en avait d'ailleurs tiré la conclusion que la rénovation de l'Union et le rejet de la tutelle américaine sur l'Europe étaient indissolublement liés. On ne transformerait pas l'Union européenne sans écarter les Américains et on ne se libérerait pas de la domination américaine sans changer radicalement la nature de l'Union.

Fort de ce constat, Bolton, conseillé par Faral et Dewavrin, avait imaginé une initiative de nature à amorcer un changement géopolitique d'envergure sur le vieux continent. Lorsque la date du Conseil européen sur l'adhésion de l'Ukraine fut fixée, l'équipe de Bolton en contact avec celle du président russe avait alors proposé de concrétiser cette initiative. Les Russes avaient rapidement donné leur accord et proposé la ville de Sotchi pour la mettre en scène médiatiquement.

Voyant que l'arrivée était maintenant proche, le président demanda à son aide de camp le texte du protocole qu'il allait signer avec son homologue. Il le relut une dernière fois pour l'avoir bien en tête et s'assurer qu'il n'avait plus de corrections à y apporter.

Ce document commençait par un préambule affirmant la commune appartenance de la France, et à travers elle, de tous les pays de l'Union européenne, ainsi que de la Russie et de l'Ukraine à la civilisation européenne. Il y était précisé que dans ce cadre l'Union européenne et la Fédération de Russie avaient vocation à tisser entre elles des liens mutuels de coopération et de soutien et que l'Ukraine avait, pour ce qui la concerne, à assumer, par son indépendance et sa neutralité, une fonction bénéfique de synthèse et de transition entre l'Union européenne et la Fédération de Russie.

Il était ensuite indiqué que la guerre entre l'Ukraine et la Russie était un conflit intra-européen qui devait trouver sa solution entre Européens et eux seuls. C'est dans ce cadre que la France proposait à la Russie et à l'Ukraine d'ouvrir des négociations pour rétablir la paix sur le continent, tout en appelant chaque membre de l'Union européenne à contresigner le présent protocole pour participer à cette démarche et servir de garant à la négociation et à l'accord de paix qui en résulterait.

Le protocole ouvrait ensuite des perspectives de désescalade : levée des sanctions économiques contre la Fédération de Russie et abandon des poursuites pénales contre ses dirigeants, allocation de fonds importants pour la reconstruction de l'Est comme de l'Ouest de l'Ukraine, facilités pour l'approvisionnement des pays européens cosignataires du protocole en matières premières et en énergie russes, enfin priorité dévolue à leurs entreprises pour l'accès au marché intérieur russe.

Il était enfin affirmé que la démarche initiée dans ce protocole devait viser, au-delà du conflit entre la Russie et l'Ukraine, à la signature par tous les pays européens, et eux seuls, d'un traité général sur la paix et la sécurité en Europe.

Bolton reposa le document, satisfait de ce qu'il avait lu. Il savait bien évidemment que les Américains, exclus de ce protocole, ne l'approuveraient en aucun cas, mais ce faisant, ils montreraient le caractère belliqueux de leur politique, pendant que la France, avec ce protocole, faisait exister pour la première fois sur la scène diplomatique l'idée d'une Europe nouvelle indépendante des États-Unis et agissant pour la paix. Elle créait de plus une situation nouvelle qui devait normalement différer l'adhésion de l'Ukraine à l'Union européenne. En effet, les Russes ayant fait des offres de paix, l'Ukraine ne pourrait jamais être acceptée dans l'Union si elle les rejetait. Et si elle les acceptait, ce qui était le moins probable, elle ne pourrait de toute façon pas être admise avant que soient connues les conclusions de ces pourparlers.

Le président de la République glissa le document dans sa poche et, l'avion venant d'atterrir, se leva pour en sortir. Le président Borosilov l'attendait au pied de la passerelle et après l'avoir salué d'une chaleureuse poignée de main, l'entraîna en voiture vers le plus luxueux des hôtels de cette petite ville célèbre pour avoir accueilli les jeux Olympiques d'hiver en 2014. La délégation française et la délégation russe furent alors dirigées vers une vaste salle à manger où chacun put se sustenter. Borosilov et son homologue français furent installés de leur côté dans un somptueux salon privé où ils déjeunèrent en tête-à-tête.

Depuis le début de la guerre d'Ukraine, la situation politique russe avait connu d'importants changements. Ainsi, c'était désormais l'homme assis en face de Bolton, lui-même issu de l'équipe Poutine, qui dirigeait alors la

Fédération de Russie. Aussi, la ligne suivie par le Kremlin était-elle toujours patriotique et autoritaire, mais avec peut-être un côté plus bon enfant.

Bolton avait déjà eu l'occasion de rencontrer Borosilov, un homme au regard clair et mobile, un peu corpulent et de petite taille qui en imposait cependant par sa connaissance des langues étrangères, sa culture et son autorité naturelle. Les deux présidents avaient sympathisé lors de leur première rencontre. Aussi, lorsque le chef d'État français avait revu son homologue russe lors du dernier G20 huit mois plus tôt, lui avait-il soumis son idée. Borosilov avait accepté que la question fût approfondie par les ministres des Affaires étrangères des deux pays, lesquels avaient élaboré un projet qui avait été finalement mis au point et accepté en urgence par les deux parties, compte tenu de l'imminence d'une adhésion ukrainienne à l'Union.

— À notre entente, déclara le président russe en levant son verre.

Bolton lui répondit et les deux hommes entamèrent leur repas. Borosilov, originaire de Saint-Petersbourg, souhaitait ardemment que son pays ne fût pas contraint de se tourner définitivement vers l'Asie, aussi voyait-il dans ce président français un levier utile pour casser l'unanimité pro-américaine de l'Union européenne et pour affaiblir le camp adverse. Bolton de son côté savait que, dans cette relation bilatérale avec la Russie, il jouait gros, car, s'il ne déclenchait pas une dynamique de basculement géopolitique, la Russie l'oublierait et il ne serait plus, du côté atlantique, que le traître repenti que l'on ignore.

Après le déjeuner, à l'heure prévue, les deux chefs d'État se rendirent dans la grande salle où avait pris place un important public de dignitaires russes. Ils montèrent sur la tribune pour s'asseoir derrière une petite table recouverte d'un feutre vert et signèrent chacun deux exemplaires originaux du protocole qu'ils échangèrent ensuite en se serrant la main devant les photographes. Puis les deux dirigeants firent chacun une courte déclaration. Les journalistes russes et français posèrent de nombreuses questions auxquelles Borosilov et Bolton répondirent chacun selon sa logique propre mais sans jamais s'opposer.

Une fois la rencontre terminée, Bolton et sa suite reprirent le chemin de l'aéroport pour décoller aussitôt vers la France. En arrivant à Paris, le chef de l'État avait déjà pris connaissance du hourvari médiatique qu'avait déclenché son escapade à Sotchi. Très logiquement, les commentaires officiels les plus agressifs étaient venus de Washington et de Bruxelles, mais, seul Kurt Klausmeister, le chancelier allemand, prit la peine d'appeler Bolton au téléphone pour lui exprimer de vive voix son mécontentement. Bolton et son gouvernement ne firent de leur côté aucune déclaration publique en réponse à ces attaques diplomatiques mais, à vingt heures, en direct sur plusieurs chaînes de télévision, le président de la République s'adressa aux Français.

Il commença par expliquer avec gravité que rien ne serait pire pour l'Europe et les Européens qu'une nouvelle guerre en Ukraine car, même à des degrés très divers, c'était bien l'ensemble des nations européennes qui seraient pénalisées cette fois encore. Il ajouta qu'il était par ailleurs totalement irresponsable de vouloir faire adhérer l'Ukraine tant qu'elle n'avait pas signé un traité de paix avec la Russie mais que cette perspective était désormais possible grâce au protocole de Sotchi.

— C'est donc pour tenter d'éviter tout nouveau conflit, déclara Bolton, que je me suis rendu à Sotchi où j'ai rencontré le président Borosilov. Des réponses qu'il a données à mes questions, j'ai acquis la conviction que la paix est possible entre Européens comme le démontre le protocole que nous avons signé ensemble.

Le président fit une pause et reprit :

— Si la paix ne se fait pas, c'est à cause d'une puissance étrangère à notre continent qui a mené et qui veut encore mener contre les Russes une guerre par procuration dans le but de séparer durablement la Russie de l'Union européenne et de maintenir les pays européens sous son impérium au sein de l'Otan. Si donc cette puissance se retire, laissant les Européens négocier entre eux, la paix deviendra possible. J'invite donc les pays frères membres de l'Union européenne à approuver le protocole de Sotchi et à participer à cette œuvre de paix comme viennent d'ailleurs de le faire l'Italie, la Grèce et la Hongrie.

Le président indiqua ensuite qu'il fallait tirer les conséquences de cette situation nouvelle et que la politique étrangère de la France devait dès lors s'y adapter et chercher à libérer l'Union européenne d'une double tutelle, celle de la bureaucratie bruxelloise et celle de l'imperium américain, lesquels ne faisaient d'ailleurs qu'un puisque Bruxelles était alignée sur Washington. Il se prononça donc pour une dissolution de l'Otan et pour une refondation de l'Union qui devait s'ériger en un pôle de puissance, certes allié des États-Unis, mais libéré de leur tutelle.

Trois semaines plus tard, le Conseil européen décidait de différer sine die l'adhésion de l'Ukraine à l'Union européenne.

Chapitre 16

Sous les verrous

— L'idée est simple, déclara Delpin, l'insécurité dont sont victimes les Français dans leur vie de tous les jours est principalement le fait d'un petit nombre de délinquants multirécidivistes, connus des services de police et jamais vraiment sanctionnés par la justice. Si donc on retire de l'espace public ces malfrats qui, représentent une cinquantaine d'individus en moyenne par commissariat et qui sont responsables de près de 60 p. cent des délits, on réduit d'autant l'insécurité que subissent les Français. Autant dire qu'on rétablit la sécurité.

Face à ses hôtes installés dans le salon Érignac, la plus belle salle de conférence de la place Beauvau, le ministre fit une pause et reprit :

— Alors, bien sûr, la réalité est plus complexe et derrière ce principe de base très simple, il nous a fallu imaginer un nouveau concept juridique et mettre en place une logistique d'envergure.

Assis en face de François Delpin se trouvait un aréopage de personnalités composé des ministres de l'Intérieur autrichien, italien, danois et tchèque, tous accompagnés de quelques collaborateurs. Impressionnés par les résultats obtenus par la France avec l'opération relégation, ils avaient émis le vœu de venir voir in situ le fonctionnement de ce dispositif afin d'évaluer la possibilité de le mettre en œuvre dans leur propre pays. Aussi, en ce 12 décembre 2033, un mois et demi après la mise en application de sa loi, le ministre français, entouré de tous les hauts responsables du projet, présentait à ses homologues l'opération qui en quelques semaines était en train de rétablir la sécurité publique sur l'ensemble du territoire français.

Sur un signe du ministre, Thierry Portin, le haut fonctionnaire responsable de l'opération relégation prit la parole pour indiquer que les services de police avaient été dotés d'un moyen juridique puissant. Un moyen qui leur permettait de faire interner dans un centre dit de relégation le voyou multirécidiviste qu'ils interpellaient en flagrant délit et cela en moins de quarante-huit heures.

— Ce moyen, poursuivit-il, nous est offert par la loi d'exception sur la relégation, laquelle stipule dans son article premier que, « pendant une durée de dix années, le gouvernement peut, par simple décision administrative, faire interner dans des centres fermés de relégation tous les fauteurs de troubles, délinquants multirécidivistes connus des services de police et, s'ils sont étrangers, les interner dans les centres de rétention pour procéder à leur expulsion. Toutes les dispositions légales, réglementaires ou jurisprudentielles contraires au présent texte sont abrogées. »

— Avec cette nouvelle loi, expliqua ensuite Portin, nos services sont entrés comme dans un cercle vertueux. Le voyou sait désormais qu'il court le risque d'un long internement quarante-huit heures seulement après avoir commis son méfait. La sanction devient donc très dissuasive pour les délinquants et très profitable pour les policiers. Ceux-ci en effet ne passent plus leur temps à arrêter plusieurs fois de suite le même individu que les juges remettaient chaque fois en liberté. Sans même augmenter leur nombre et leurs moyens, leur efficacité s'en trouve donc décuplée et leur motivation est revenue.

— Mais il me semble que les personnes que vous envoyez en relégation doivent pouvoir faire appel de la décision qui les frappe devant un tribunal, lança le ministre autrichien de l'Intérieur, c'est un principe fondamental.

Vous n'échappez donc pas au fameux gouvernement des juges que vous dénoncez.

— C'est vrai, expliqua Thierry Portin, comme tout acte administratif, les décisions de relégation prises par les préfets auraient dû pouvoir être contestées devant les tribunaux administratifs. Mais pour nous, il était hors de question de se plier à cette pratique car, si tel avait été le cas, l'opération relégation aurait été aussitôt paralysée par les juges au nom de l'état de droit.

— Mais s'il n'y a pas le moindre recours possible, cela ouvre tout de même la porte à des abus ou à de simples erreurs, relança le ministre grec.

— Vous avez raison, monsieur le ministre, intervint Delpin. Aussi, pour résoudre cette difficulté, avons-nous mis en place un contrôle juridictionnel d'exception dont la fonction consiste en effet à éviter l'arbitraire, à corriger les erreurs et à statuer sur la durée de relégation de chaque individu. Ces tribunaux, dont la saisine ne suspend pas la procédure, rendent bien entendu leur décision dans des délais très courts de quelques jours tout au plus.

De fait, la loi d'exception sur la relégation prévoyait, dans son dernier article, que « le contrôle juridictionnel de ce dispositif n'est pas assuré par les juridictions ordinaires mais par des tribunaux d'exception créés à cet effet. » Or, de tels tribunaux, composés de personnalités favorables au principe des lois d'exception et constitués de toute pièce sous le contrôle de la ministre de la Justice, existaient déjà puisqu'ils avaient été créés pour assurer le contrôle juridictionnel de l'expulsion des clandestins. Il fut donc procédé à une simple augmentation de leurs effectifs pour leur permettre de faire face à l'élargissement de leurs compétences.

— Quant aux tribunaux ordinaires, ajouta Christian Gaubert, un ami des Lambrosi qui venait d'être nommé au cabinet du ministre de l'Intérieur, ils vont progressivement se voir libérés d'une part importante de leur activité, ce qui leur permettra de se consacrer avec une attention et une célérité accrues aux crimes et délits graves.

Portin, l'homme du dossier relégation reprit ensuite la parole :

— La principale difficulté de cette opération est qu'elle nécessite de longs préparatifs. Il faut construire les centres, recruter et former les gardiens, mettre en place la juridiction d'exception. Et, pour éviter une mobilisation de l'opposition contre le projet, il a fallu de surcroît effectuer tous ces préparatifs dans la plus grande discrétion.

Delpin fit remarquer que ces actions de camouflage avaient suffisamment bien fonctionné pour que la longue préparation de cette opération pût être menée à bien sans subir la pression des opposants.

— J'ai pu mesurer à quel point cette précaution avait été utile, ajouta-t-il, lorsqu'il m'a fallu in fine faire voter la loi et affronter l'opposition, à l'Assemblée nationale et au Sénat.

Une opposition qui se déchaîna en effet une fois de plus contre le gouvernement qu'elle accusa de bafouer l'état de droit, d'instaurer une dictature de l'arbitraire et de priver les Français de toute protection contre la puissance de la police. Cette loi d'exception, qui, comme toutes les autres fut rejetée par le Conseil constitutionnel mais finalement adoptée par un vote de confirmation de l'Assemblée nationale après appel du président de la République, donna donc lieu à la cohorte habituelle de protestations lesquelles s'éteignirent cependant rapidement, car, dès sa mise en application, la loi provoqua une baisse spectaculaire de l'insécurité qui rendit sa contestation très impopulaire.

Après le déjeuner, Delpin, qui avait été rejoint par la ministre de la Justice Stéphanie Landrieux, accompagna ses alter ego européens visiter un commissariat où, comme partout en France, la loi d'exception sur la relégation était entrée en vigueur. L'exposé du commissaire fut bref et clair :

— Dès que mes hommes arrêtent un individu en flagrant délit, nous nous informons afin de savoir s'il a déjà eu affaire à l'un de nos services. S'il s'avère être multirécidiviste, je demande au préfet de signer un arrêté de relégation que j'obtiens du jour au lendemain. L'intéressé est alors conduit au centre de relégation qui lui est désigné.

Nous procédons comme ça depuis cinq semaines et nous avons déjà envoyé sept individus en relégation.

— Voyez-vous déjà un changement de comportement chez les malfrats ? demanda le ministre tchèque.

— Oui, nous avons déjà beaucoup moins de refus d'obtempérer. Rien que ça, c'est pour nous très positif !

En sortant du poste de police, le ministre autrichien, avisa un groupe de policiers et dans un français très pur les questionna sur la relégation.

— Ça rend le travail plus facile, déclara un policier.

— Maintenant, je crois qu'ils nous craignent à nouveau car ils savent que, si on les arrête, ils risquent de se retrouver enfermés pour longtemps, déclara un autre.

Sans s'attarder davantage, la délégation prit ensuite la route pour aller visiter un centre de relégation qui venait d'être achevé et se préparait à accueillir ses pensionnaires.

En chemin, dans le car où avaient pris place les officiels français et européens, Stéphanie Landrieux, toujours claire et posée, expliqua que le gouvernement avait en l'espace d'une année accompli un travail considérable pour la sécurité publique. Avant même la loi sur la relégation avait en effet été adoptée une première loi dont les effets bénéfiques se faisaient eux aussi déjà sentir.

— Cette loi, indiqua la garde des Sceaux, a d'abord considérablement simplifié la procédure pénale permettant ainsi de réduire les délais entre l'interpellation et la sanction. Elle a de plus modifié le régime des peines en remplaçant le dispositif de la peine à ne pas dépasser par un système de peine minimale et maximale que les jugements doivent impérativement respecter. Enfin, s'agissant des aménagements de peine, elle a créé le principe d'un taux maximal de réduction de la durée de la peine. Un taux fixé pour l'heure à 25 p. cent. Une procédure de sanction a par ailleurs été mise en place contre les magistrats qui ne respectent pas les dispositions du code pénal.

La ministre de la Justice ajouta que ce nouveau texte avait par ailleurs prévu l'expulsion systématique des étrangers condamnés ainsi que ceux effectuant une peine dans les prisons françaises.

Un échange nourri eut lieu ensuite entre les officiels étrangers et leurs hôtes français. Puis, alors que le bus et son convoi se rapprochaient du centre de relégation, Stéphanie Landrieux reprit la parole pour présenter l'installation qui allait être visitée par le petit groupe.

— Les prisons étaient surpeuplées et elles n'étaient pas conçues pour accueillir deux types de population carcérale différente. Aussi avons-nous décidé d'utiliser les places qui se libéraient avec l'expulsion des étrangers pour ramener le taux d'occupation des prisons classiques de 131 p. cent à moins de 100 p. cent. Ce qui nous a amenés à devoir construire pour la relégation une cinquantaine de centres de quelque mille places chacun et ce en moins d'un an sans que l'opposition puisse bloquer les chantiers.

Le responsable de la construction de ces centres au ministère de la Justice fit ensuite un rapide exposé sur les méthodes adoptées pour édifier ces centres dans un délai aussi court. Un exposé qui lui valut les félicitations du ministre de l'Intérieur :

— Il s'agit d'un tour de force magistral, déclara Delpin à l'intention de l'intéressé.

Puis, les deux ministres français accompagnés des quatre ministres européens et de leurs collaborateurs visitèrent le centre tout en poursuivant entre eux le jeu des questions réponses :

— Et qu'en est-il des mineurs, demanda la ministre italienne, vous les reléguez aussi ?

— Oui, répondit la garde des Sceaux, la loi prévoit que les mineurs peuvent être envoyés en relégation. Nous n'avons pas adopté cette disposition de gaieté de cœur, mais face à la montée inquiétante des délits et même des crimes souvent très violents commis par des mineurs parfois extrêmement jeunes, nous n'avons pas d'autre réponse pour l'instant. Ceux qui sont frappés d'une décision de relégation bénéficient cependant d'une procédure adaptée à leur plus jeune âge : ils sont envoyés dans des centres spécialisés où ils bénéficient d'un encadrement renforcé et d'un programme complet d'enseignement, de travail et de rééducation.

Le ministre grec posa ensuite une question sur la sécurité des centres :

— Vous ne craignez pas que vos centres soient attaqués de l'extérieur ou détruits par une mutinerie de l'intérieur ?

— Certains centres, répondit Delpin, sont naturellement la cible de manifestations d'opposants réclamant leur suppression. Mais cette éventualité a été prise en compte dès la conception des centres et pour l'instant nous avons eu quelques tentatives de mutinerie, oui, mais qui ont toutes échoué.

À peine lancée, l'opération commençait donc à apparaître comme un succès. Beaucoup de malfrats parmi les plus nocifs se retrouvèrent enfermés dans le premier mois de mise en application du dispositif, si bien que la sécurité se trouva très vite rétablie avec la mise hors d'état de nuire des principaux fauteurs de trouble. Mieux encore, la rapidité et la certitude de la sanction eurent par ailleurs un effet de dissuasion qui poussa beaucoup de petits délinquants à rentrer dans le rang. Les rodéos, par exemple, cessèrent très rapidement sans qu'il fût nécessaire d'envoyer en relégation beaucoup de contrevenants.

Les policiers, de leur côté, commençaient à retrouver leur autorité et leur prestige en même temps que leur métier reprenait aux yeux des Français toute sa légitimité.

Pour ceux-ci, habitués à l'inefficacité des politiques, la mise en oeuvre du système de relégation fut une énorme surprise d'autant plus appréciée que les résultats devinrent tangibles dès que la loi fut promulguée. Une façon de faire qui rompait totalement avec la pratique de la classe politique ancienne dont le délire communicatoire débouchait généralement sur des mesurettes invisibles avec des résultats concrets inexistants.

Pour autant, chacun dans la police savait que ces résultats demeuraient fragiles. Tous les malfrats ne seraient pas mis hors d'état de nuire, loin de là. Beaucoup d'entre eux s'étaient en effet déjà réfugiés dans les cités interdites où ils étaient à l'abri des autorités et à partir desquelles ils sortaient pour commettre leurs méfaits.

Les cités interdites apparaissaient ainsi de plus en plus clairement comme des enclaves hors-la-loi qui défiaient les autorités françaises.

Troisième partie

21 janvier 2034 — 3 mai 2037

Chapitre 17

Il faut l'abattre

— Maintenant c'est clair, ils veulent détruire intégralement le système de l'état de droit que nous avions réussi à installer dans les rouages stratégiques de la société française, déclara Tancrède Cabois qui laissa pour la première fois sa frustration transparaître.

S'adressant en ce mardi 23 janvier 2034 à ses amis réunis dans sa bibliothèque, la pièce la plus réservée de son appartement, il constata à leur visage fermé qu'eux aussi broyaient du noir. Aussi se laissa-t-il aller :

— C'est un travail de plusieurs décennies qu'ils anéantissent, un travail commencé dès 1971 par nos prédécesseurs avec l'invention de la théorie du bloc de constitutionnalité qui avait permis au Conseil constitutionnel de contrôler les lois.

— Ils ont aussi sorti la France de la Cour européenne des droits de l'homme, ajouta Smarda, une institution encore plus ancienne et dont la jurisprudence, toujours bien orientée, faisait autorité.

Cabois évoqua avec amertume le recours aux lois d'exception et la création d'une cellule dite de « suivi de la jurisprudence » qui analyse les décisions de la Cour de cassation et du Conseil d'État pour rectifier par une disposition législative appropriée celles qui ne conviennent pas à l'exécutif.

— Et ça ne va pas s'arrêter là, poursuivit Cabois. Je viens de déjeuner avec un haut magistrat de la Chancellerie qui m'a informé des prochaines initiatives de Landrieux.

— Et alors ? demanda Karamenti.

— D'abord, elle veut selon sa formule « replacer la juridiction administrative dans le camp du pouvoir exécutif conformément à l'esprit d'origine », ce qui implique, d'après elle, de confier les postes de juges administratifs à des fonctionnaires en activité ayant déjà effectué au moins dix ans de service, un profil qui devrait, selon son équipe, conduire les intéressés à ne pas prendre des décisions d'opportunité, considérant que celles-ci s'apparentent à un acte de gouvernement.

— Et pour l'ordre judiciaire, qu'est-ce qu'elle prévoit ? demanda Rastoin.

— La très gauchisante École de la magistrature, comme elle la désigne, doit être entièrement restructurée dans ses programmes, son encadrement et son esprit. Et pour ce qui est du court terme, elle va augmenter les effectifs de magistrats actuellement insuffisants en procédant à un recrutement important de juges parmi les hauts gradés de la police et de la gendarmerie.

— La garce, lança Dobias, les magistrats vont être fous.

— Il n'y a pas que ça qui va les rendre fous, dit Cabois. Le système de sanctions pour les juges qui commettent des fautes commence à se mettre en place. Elle veut de plus dissoudre le syndicat de la magistrature et elle a demandé une étude concernant l'alignement des droits syndicaux des magistrats sur ceux des militaires.

Les amis de Cabois restèrent un long moment silencieux. À vrai dire, ils se trouvaient plongés dans un profond désarroi car, depuis l'élection de Jérôme Bolton à la présidence de la République, ils avaient tout tenté pour éviter que cet homme, qu'ils avaient mis en place, ne vienne détruire l'instrument auquel ils tenaient le plus.

— La situation est grave car sans l'état de droit pour les maintenir sous la coupe des juges, les politiques font n'importe quoi, déclara sentencieusement Jacques Karamenti. Ce Bolton est une calamité ! Je vous avais dit que je ne le sentais pas.

— C'est le moins qu'on puisse dire, déclara Speedom. Ses positions sur l'Ukraine, son flirt avec Borosilov et ses attaques scandaleuses contre les États-Unis, tout cela est inacceptable.

— C'est vrai, reprit Jacques Karamenti, les Américains avaient marqué des points lors de la guerre d'Ukraine. La Russie se trouvait discréditée en Occident et coupée de l'Europe alors que l'Otan était sortie renforcée du conflit et l'Union européenne unie derrière l'Amérique. Tout cela est maintenant remis en cause par les initiatives de Bolton.

De fait, après la signature du protocole de Sotchi, le président ukrainien, sur ordre des États-Unis, s'était donné le mauvais rôle en refusant la négociation. La Russie, en revanche, en signant le fameux protocole, avait officiellement accepté l'ouverture de pourparlers de paix, se dotant ainsi pour la première fois dans ce conflit d'une image positive.

Mais surtout, en fondant la démarche de paix du protocole sur l'idée d'un conflit européen à régler entre Européens, Bolton avait réussi à casser l'unanimité pro-américaine jusque-là imposée par la Commission et par l'Allemagne. Dans cet esprit, un petit nombre de pays, dont la Hongrie, l'Italie, la Grèce, l'Autriche, la Slovaquie et la Slovénie avaient commencé à constituer avec la France un groupe d'États souhaitant faire de l'Union une puissance autonome.

Les États-Unis avaient naturellement répliqué avec virulence. L'ambassadeur américain à Paris avait été rappelé à Washington, la France avait été par ailleurs privée de tout accès aux ressources militaires américaines, qu'elles concernent les renseignements ou la logistique. D'autres sanctions économiques avaient par ailleurs été décidées.

— Sans compter que les Américains ne vont sans doute pas en rester là, déclara Speedom très remonté. Il va y avoir des actions à plus long terme pour déstabiliser Bolton et le forcer à démissionner.

— En attendant, répliqua Smarda, les attaques de Washington ont plutôt pour effet d'alimenter le sentiment anti-américain en France et de ressouder la population autour de son président.

— Je pense pour ce qui me concerne, dit Cabois, que rien n'est joué. Tout ce qu'il a entrepris est très risqué. La probabilité est donc forte que cette aventure boltonesque se termine par un fiasco qui le discréditera durablement.

— C'est vrai, reprit Rastoin, en politique étrangère comme en matière d'immigration et d'insécurité il est en train de se faire des ennemis dont il ne semble pas mesurer la puissance. De plus, il a pris l'habitude de passer en force sur tous les projets qu'il propose, multipliant les frustrations dans le pays. Je pense donc que Tancrède a raison, il peut échouer lamentablement et être rejeté par les Français, et alors là, nous pourrons reprendre la main.

— Je ne sais pas si vous mesurez ce que vous dites, lança Karamenti. Vous êtes en train de dire qu'il nous suffit d'attendre qu'il échoue pour pouvoir reprendre le contrôle des événements !

— Oui, c'est absurde, Karamenti a raison, ajouta Smarda, d'autant que vous négligez une donnée fondamentale. Il a, c'est vrai, une opposition considérable, celle de toutes les organisations ou lobbys qui travaillent avec nous. Mais le peuple est avec lui, ne l'oublions pas. Sur presque tous les sujets il a une majorité de Français derrière lui et, si sa politique de relégation des voyous tient le coup dans la durée, il sera celui qui aura remis de l'ordre en France et, croyez-moi, les Français lui en seront reconnaissants.

— Personne ne néglige cette donnée, enchaîna Speedom, mais j'ai obtenu des informations selon lesquelles des attaques ont été lancées contre les centres de relégation situés dans l'Est de la France. Elles seraient le fait de l'organisation Spartakus et un centre au moins aurait été investi et des prisonniers libérés. Par ailleurs, plusieurs mutineries se seraient produites qui, toutes, auraient été matées. Les autorités semblent avoir repris le contrôle de tous ces centres mais ces faits démontrent que la situation demeure très tendue pour le gouvernement.

— Je ne suis pas d'accord, mon cher Vincent, déclara Jacques Karamenti. Je considère au contraire qu'à ce stade, l'opération est plutôt un succès pour Bolton et Delpin. Vous pourrez leur raconter ce que vous voulez sur ce qui se passe dans les centres de relégation, les Français ne sont pas prêts à renoncer à ce qui a provoqué cette amélioration spectaculaire de leur sécurité.

— Peut-être, mais si les centres de relégation tombent les uns après les autres, ce sera une immense déception pour les Français, répliqua Cabois.

— Ne rêvez pas, riposta Karamenti, leur affaire est bien montée. D'après ce que j'ai pu lire, les centres sont intelligemment conçus, extrêmement sécurisés et, de plus, installés dans des lieux reculés, très éloignés des cités d'où sont issus les prisonniers qu'ils hébergent.

— Cette initiative, qui est totalement dérogatoire de l'état de droit, suscite par ailleurs une mobilisation massive des intellectuels, des juges, des partis et des syndicats de gauche. Les médias se font l'écho d'innombrables initiatives contre le gouvernement à ce sujet, riposta Cabois.

— Mais ça n'a aucun effet sur les Français, répliqua, de plus en plus agacé, Karamenti. Redescendez sur terre, Tancrède, rien de tout cela ne touche les Français, d'autant que même sur le plan juridique le gouvernement a des arguments à faire valoir.

Karamenti entreprit alors d'expliquer que la juridiction d'exception qui se mettait en place examinait a posteriori tous les arrêtés de relégation qui lui étaient soumis et annulait ceux qui étaient manifestement abusifs ou fondés sur une erreur. Elle précisait aussi pour chaque relégué la durée de son enfermement.

— Mais qu'est-ce qui vous prend, vous les défendez maintenant ? lança Rastoin.

— Non, pas du tout, mais j'essaye d'analyser la situation au regard de ce qu'il nous appartient maintenant de faire. Le but n'est plus de le diaboliser pour qu'il perde les élections. Il est déjà sur-diabolisé et il n'y a pas d'élections en perspective. Le but qui doit être dorénavant le nôtre est de l'abattre.

— Je suis d'accord avec Karamenti, déclara Smarda, il faut le mettre hors d'état de nuire.

Les amis de Cabois restèrent silencieux mais au bout d'un moment Speedom prit la parole :

— Jacques a raison. Et je voudrais ajouter une autre considération que nous devons prendre en compte. Bolton est en effet en train de réussir une politique identitaire qui peut séduire bien au-delà des frontières de la France. Avec son protocole de Sotchi, il a pris une dimension internationale et il cherche à l'évidence à entraîner le maximum d'États derrière lui. Le risque est donc très fort que sa démarche se développe et s'il arrivait à ses fins, ce serait l'échec final de la stratégie que mènent les États-Unis sur le continent européen depuis huit décennies, une catastrophe absolue !

Karamenti, un peu agacé par cette intervention qui lui coupait l'herbe sous le pied, reprit la parole :

— Vincent Speedom a vu juste et je partage totalement sa crainte de voir le boltonisme se répandre en Europe et contaminer la vie politique de plusieurs pays d'Europe. Il faut donc, je le répète, l'abattre et vite.

— Vous voyez ça comment ? demanda Smarda.

— Je pense à une approche très différente de la vôtre.

— Allez-y, Jacques ! l'encouragea Tancrède Cabois.

— Beaucoup des grandes initiatives de Bolton depuis son élection sont dirigées contre la délinquance, l'immigration et l'islamisme. Or, où se trouvent aujourd'hui encore concentrés les délinquants, les immigrés et les militants islamistes ? Dans les cités interdites qui sont nombreuses, fortement peuplées et où sont dissimilés des dépôts d'armes. Si ces cités se révoltent, elles peuvent semer un chaos tel que Bolton ne pourra plus rien maîtriser.

— Ni les jeunes ni les caïds ne sont très organisés, répliqua Karamenti, on trouvera bien un moyen. Mais ce n'est pas ce qui est important. Le plus important est d'abattre Bolton pour que sa démarche ne s'étende pas à l'Europe !

— Mais quand même, la France est notre pays. C'est un peu suicidaire, fit observer Cabois, manifestement désorienté.

— Ne soyez pas inquiet, Tancrède, si ça tourne vraiment mal, vous prendrez l'avion pour votre résidence de

Londres ou de New York. Vos principaux actifs ne sont déjà plus ici, n'est-ce pas ?

Smarda reprit alors la parole.

— Votre schéma est très cynique, c'est vrai, mais il présente surtout l'inconvénient d'être théorique. Car, pour l'instant en tout cas, les dirigeants des cités interdites ne songent nullement à susciter une révolte. Ils se satisfont en effet parfaitement de la situation qui est la leur actuellement. Ils se contrefichent de la question du voile ou de l'arrêt de l'immigration et même de la relégation puisqu'ils sont à l'abri dans leurs cités.

— Justement, répliqua Karamenti, c'est à nous d'agir pour allumer la mèche et lancer les cités interdites contre Bolton.

— Et comment ça ? demanda Cabois.

Karamenti se tourna vers Smarda :

— En lançant une campagne de presse pour discréditer le succès sécuritaire de Bolton, en expliquant qu'il n'a rien résolu, qu'il a simplement déplacé le problème et que les cités interdites constituent une plaie pour la France que le président de la République doit maintenant traiter d'urgence.

Jacques Karamenti s'arrêta un moment puis conclut :

— Et, croyez-moi, il agira et, s'il s'attaque aux cités interdites, il est foutu !

Le silence envahit le salon.

— Oui, peut-être, observa Vincent Speedom, mais la France aussi risque d'être foutue.

Nouveau silence puis le même reprit la parole :

— Je partage l'opinion de Jacques : il faut abattre Bolton si l'on ne veut pas voir le boltonisme se répandre en Europe. Mais je connais une méthode plus simple et plus propre pour atteindre cet objectif.

Tous s'agitèrent aussitôt, s'exclamant, empêchant le Franco-américain d'aller plus loin et d'expliciter son propos.

— Non, Speedom, pas ça ici !

— Vincent, on ne veut rien entendre !

— Très bien, dit Speedom impassible. Vous voulez lancer une énième manœuvre politique qui tournera mal comme les précédentes. Moi, je suis partisan d'une action qui réglerait le problème une fois pour toutes sans dommages collatéraux. Dans ces conditions, je sais ce que j'ai à faire et nous en restons là.

Personne ne répondit. Vincent Speedom se leva et quitta les lieux en lançant :

— Bonsoir, messieurs !

Le silence s'installa un moment puis Smarda déclara :

— Bien, je lance la campagne de presse concernant les cités interdites.

Chapitre 18

Cités interdites

Le signal fut donné à cinq heures du matin. Les engins blindés de la gendarmerie bousculèrent le poste de contrôle de la cité des Belles Fontaines dans le nord-ouest de la région parisienne. À demi endormis, les hommes du caïd qui gardaient l'entrée furent aussitôt désarmés et arrêtés. Les deux escadrons de gendarmerie mobile qui suivaient à distance pénétrèrent alors en silence dans les lieux. En ce 20 septembre 2034, l'opération reconquête des cités interdites venait de commencer.

Chacun savait qu'il s'agissait d'une action difficile et risquée mais, très attendue par les Français, elle faisait l'objet d'une forme de consensus à la fois médiatique et politique. La presse du Système ne soulevait en effet aucune objection de principe à la réintégration des cités interdites dans le territoire de la République, reprochant presque au gouvernement de n'avoir encore rien entrepris dans ce domaine.

Comme toutes les actions précédentes, celle-ci avait été préparée et mise sur pied par une équipe de hauts fonctionnaires du ministère de l'Intérieur dirigée par Georges Lafon, un conseiller d'État au parcours exemplaire, connu pour son efficacité et sa rigueur. Le crâne dégarni, l'aspect jovial et l'esprit agile, l'intéressé avait tenu à ce que son plan fût définitivement arrêté au cours d'une réunion, présidée par le chef de l'État, qui avait eu lieu six mois plus tôt.

L'opération était encadrée par une loi d'exception qui venait d'être promulguée après avoir bénéficié d'un vote de confirmation de l'Assemblée nationale. Cette loi prévoyait la nomination d'un haut fonctionnaire d'autorité, qui pouvait être un préfet, un sous-préfet, un officier supérieur de la gendarmerie ou un commissaire divisionnaire de la police nationale, auquel étaient conférés sur le territoire de la cité concernée tout pouvoir et toute autorité pour y rétablir l'ordre républicain.

— Il ne s'agit pas en effet, avait précisé Lafon lors de la réunion avec le chef de l'État, d'une action éphémère qui laisserait les voyous reconstituer leur repaire aussitôt après le départ des forces de l'ordre mais d'une action en profondeur dont les effets doivent être définitifs.

Ainsi l'un des deux escadrons de gendarmerie était-il prévu pour s'installer sur place pendant quatre semaines.

Sur le terrain, une fois la cité investie, les gendarmes commencèrent par procéder à l'arrestation du caïd et des voyous multirécidivistes connus pour résider sur place. Certains furent surpris dans leur sommeil, d'autres, alertés par la rumeur qui enflait, furent interpellés alors qu'ils s'apprêtaient à fuir. D'autres enfin réussirent à s'éclipser avant l'arrivée des forces de l'ordre. Dans le même temps, les voyous, croyant avoir affaire à une opération de police ordinaire, certes plus musclée qu'à l'habitude, commencèrent à s'en prendre aux forces de l'ordre. Installés sur les toits des immeubles, certains d'entre eux lancèrent des projectiles sur les gendarmes, d'autres au sol les attaquèrent frontalement, cherchant à mettre le feu à leurs véhicules. Mais les gendarmes mobiles, venus en nombre, eurent assez rapidement le dessus, interpellant certaines racailles qui les avaient attaqués sans réussir pour autant à empêcher que d'autres ne s'échappent.

— Notre dispositif comporte un point de faiblesse, avait déclaré Lafon lors de la réunion avec le chef de l'État, beaucoup de voyous vont parvenir à s'enfuir et cela fera autant d'individus susceptibles de vouloir ensuite reconstituer la cité mafieuse. Il faudrait boucler la cité avant l'intervention des gardes mobiles, mais nous n'avons pas assez d'effectifs pour cela.

— Faisons alors appel à l'armée, avait répondu Jacquard en regardant le président et le ministre de la défense, lesquels avaient fini par donner leur accord.

Aussi, sur le terrain, les hommes du 41e régiment d'infanterie de marine, placés tout autour de la cité des Belles Feuilles dès le milieu de la nuit, avaient-ils arrêté tous ceux qui cherchaient à fuir la cité.

Lorsque, vers neuf heures du matin, les affrontements cessèrent, le chef d'escadron de gendarmerie Arnaud Delcroix, un ami des Lambrosi qui commandait l'opération, jugea que le moment était venu d'informer les habitants de la situation. Un véhicule de la gendarmerie équipé de puissants haut-parleurs parcourut alors les allées de la cité en transmettant ses ordres. « Habitants de la cité des Belles Fontaines, les services de l'État libèrent votre cité des voyous qui y résident. Pour faciliter leur intervention, il vous est demandé de rester chez vous. Ne sortez pas ! Vous aurez d'autres informations dans les heures qui suivent. D'ici là, restez chez vous, ne sortez pas ! »

Commença alors le contrôle de l'ensemble des locaux et des habitants de la cité. Les gendarmes vérifièrent appartement par appartement l'identité des personnes présentes, la comparant avec la liste des locataires officiels établie par l'office HLM. Un individu incapable de fournir un justificatif d'identité faisait immédiatement l'objet d'un arrêté d'expulsion. Dans le même temps, les gendarmes procédaient à une fouille systématique des lieux. Appartements, parties communes, sous-sols, espaces publics, tout fut minutieusement exploré du sol au plafond. Des armes en grand nombre furent saisies ainsi que des quantités importantes de drogue et d'argent liquide. D'autres arrestations furent effectuées quand les détenteurs de ces produits illicites purent être identifiés.

À la fin de la journée, les individus de nationalité française qui avaient été interpellés furent envoyés dans un centre de relégation et les étrangers en situation irrégulière dans un centre de rétention pour être expulsés. Les habitants, quant à eux, purent à nouveau aller et venir librement. Dès lors, vers vingt et une heures, la cité fut considérée comme libérée. Le lendemain, les militaires du 41e régiment d'infanterie de marine levèrent le camp ainsi que le second escadron de gendarmerie, laissant la cité sous la protection de l'escadron restant.

La société HLM put alors reprendre en main la gestion de son parc de logements et procéder à la remise en ordre immobilière de la cité. Quelques travaux de première nécessité furent réalisés dans l'urgence. Les entrées et les cages d'escalier furent sommairement repeintes. Quant aux logements libérés, ils furent réhabilités et la société HLM voulut y installer de nouveaux locataires dont elle présenta les dossiers au chef d'escadron de gendarmerie Arnaud Delcroix. Ce dernier, qui commandait l'opération, en approuva une partie mais demanda une recomposition complète de la population des quatre bâtiments qui avaient été plus particulièrement occupés par le caïd et ses hommes.

C'est également durant cette période qu'arrivèrent les gardiens. Lors de la réunion de mise au point en présence du chef de l'État, la question des gardiens avait été longuement examinée. Le Premier ministre avait estimé que leur nombre était tout à fait excessif et allait représenter pour le budget de l'État une charge trop lourde. Mais Lafon, appuyé par son ministre, François Delpin, avait insisté, estimant que l'installation d'un gardien dans un local préfabriqué implanté au pied de chaque cage d'escalier était indispensable, car seule cette présence massive et permanente pourrait empêcher la gangrène de revenir peu à peu contaminer la cité.

— Pour les populations concernées, la question est simple, il s'agit de savoir qui est le chef : le caïd ou le préfet ? Si l'État français n'est pas représenté concrètement et sur place par des agents d'autorité, ce seront très vite à nouveau un caïd et ses hommes qui reprendront le pouvoir, avait déclaré Delpin, et tout sera à recommencer. Le chef de l'État avait alors tranché :

— Cette opération est capitale ! Nous devons la réussir, ne lésinons pas !

Aussi Georges Lafon avait-il lancé la constitution de ce corps de gardiens de cité. Recrutés pour la plupart parmi les anciens militaires et les anciens policiers mais aussi parmi les agents de sécurité chevronnés, leur mission consistait à veiller au respect des règles de bon voisinage, à empêcher la réapparition de dealers et à s'opposer à tout acte d'incivilité ou de délinquance. Nombreux dans la cité, ils pouvaient se regrouper à la moindre alerte de l'un d'entre eux et obtenir sans délai l'appui des forces de l'ordre.

Au bout de quatre semaines, quand les gardiens eurent pris leurs marques et qu'aucun trouble n'eut été à déplorer, l'escadron de gendarmerie quitta la cité des Belles Fontaines. Une cité considérée de nouveau comme partie intégrante du territoire français. Quant à Arnaud Delcroix, promu lieutenant colonel, il poursuivit son action de reconquête et fut chargé d'une cité de la région toulousaine jugée particulièrement dangereuse.

Fier de ce premier résultat, Lafon se rendit au soir du 30 octobre 2034 dans le bureau du ministre de l'Intérieur pour lui annoncer la nouvelle. Il ajouta que dans les prochains jours les quatorze autres cités qui avaient été traitées en même temps que la cité des Belles Fontaines seraient, elles aussi, libérées. François Delpin félicita Lafon pour son efficacité et lui demanda s'il lui paraissait possible d'accélérer le rythme des libérations de cités, dès lors qu'elles ne semblaient pas manifester d'opposition virulente.

— Monsieur le ministre, je vous le déconseille formellement. À ce stade nous en savons trop peu sur ces cités et notamment sur ceux qui sont derrière les caïds pour être certains que tout se passera aussi bien dans les mois qui viennent.

Lorsque Delpin appela le président de la République qui suivait, lui aussi, avec beaucoup d'appréhension le déroulement de cette opération, il se fit confirmer la consigne de prudence avec insistance.

— C'est parfait, Delpin ! Vous dites qu'avec cette cadence de quinze cités par mois, tout sera achevé pour la fin du quinquennat. Ce serait déjà un succès magnifique. Mais ne cherchez pas à aller plus vite. Je crains, ajouta le président, que nos adversaires ne nous rendent pas la tâche aussi facile.

Le chef de l'État avait vu juste car, dans la même journée, tard le soir, Bachir Maklouf avait reçu la visite du cheikh qui s'était présenté chez lui, dans la cité des Trois Têtes à la périphérie de la région lyonnaise. Étonné de voir venir l'intéressé en personne alors que leur système de liaison cryptée fonctionnait semblait-il très bien, Maklouf le reçut comme la première fois dans le salon de son appartement, au cœur de la cité dont il était le caïd.

Les deux hommes échangèrent des banalités, puis le cheikh interrogea son hôte sur la situation en France. Le caïd de la cité des Trois Têtes lui expliqua qu'elle avait considérablement changé depuis leur première rencontre il y avait plus de deux ans.

— Les kouffars ne sont plus comme avant, déclara-t-il, leur chef est plus puissant que le précédent.

— On m'a dit qu'il commençait à attaquer nos cités, lança le cheikh.

— Oui, c'est vrai mais cela concerne peu de cités pour l'instant.

Puis, soudain, le regard brillant, le cheikh demanda :

— Où est Ibrahim Kateb ?

Bachir Maklouf mit du temps à comprendre.

— Tu parles de celui qui devait se sacrifier pour Allah dans leur grande cathédrale Notre-Dame et qui a failli à sa mission ? Lui, nous ne l'avons jamais retrouvé.

— Je veux que tu le retrouves et que tu me le ramènes !

— Je vais recommencer à le chercher. Peut-être qu'il a quitté sa cachette maintenant après deux ans !

Le cheikh se tut alors un long moment

— Ils vont continuer ? finit-il par dire.

— Les kouffars ? Oui, sûrement, ils vont continuer à attaquer nos cités, une par une, patiemment.

— Et nos frères vont les laisser faire ?

— Pour l'instant aucune cité ne vient au secours de la cité attaquée. C'est trop dangereux.

— Mais si toutes les cités attaquaient en même temps ?

— Là, ce serait très différent, les kouffars seraient en danger.

— C'est ça que tu dois faire, mettre les kouffars en grand danger.

— Moi ?

Le cheikh regarda Bachir Maklouf sans rien dire. Puis, au bout d'un long silence, il reprit :

— Si Allah est avec toi, tu le feras.

— Je suis prêt, mais comment faire cela ? demanda Maklouf.

Le cheikh mit encore du temps avant de répondre. Leur discussion dura longtemps, presque jusqu'au lever du soleil, comme lors de leur première rencontre. Mais cette fois le cheikh resta loger chez Maklouf et le lendemain, ce dernier appela tous ses contacts à Paris et partit pour la capitale avec deux hommes de main et un chauffeur.

Dix jours plus tard, il était de retour à la cité des Trois Têtes avec Ibrahim Kateb les mains liées, assis à l'arrière de sa grosse voiture SUV.

Chapitre 19

Tir de roquettes à Prague

En ce lundi 2 octobre 2034, Jérôme Bolton se trouvait à Prague, en train de prendre son petit déjeuner dans la résidence de l'ambassadeur de France. Il était arrivé la veille au soir et il devait participer dès dix heures du matin au sommet des chefs d'État et de gouvernement des pays membres de l'Union européenne dits « identitaires ». Une réunion organisée à l'initiative de la France et qui constituait pour Bolton et son gouvernement une étape décisive dans le long processus qu'ils avaient engagé afin de refonder l'Union européenne.

Depuis son voyage à Sotchi et le lancement de la politique de relégation, l'image que renvoyait Jérôme Bolton de lui-même avait changé de nature. Il n'était plus le président élu par hasard et par surprise. Il avait cessé d'être le chef d'État scandaleux qui avait mis en cause l'état de droit et qui s'était doté d'une majorité en faisant alliance avec l'extrême droite. Bref, il n'était plus ce personnage un peu fragile mais sulfureux qui semblait s'être fourvoyé en politique, découvrant la dureté du milieu et subissant les foudres du Système.

Sur le plan intérieur, la réussite de son action pour arrêter l'immigration, expulser les clandestins et reléguer les voyous lui avait valu la réputation d'un chef politique avisé et volontaire capable de résoudre les difficultés les plus grandes. De même, la mise en application des mesures prévues dans le plan Nouvel Élan, un an à peine après l'élection de sa nouvelle majorité, avait impressionné les milieux financiers et, parallèlement la signature du protocole de Sotchi, en bouleversant le paysage géopolitique européen, lui avait conféré une stature internationale.

En quelque mois seulement, Bolton s'était hissé au rang d'un homme d'État de premier plan.

Certes, sur la scène politique intérieure, la France semblait toujours comme coupée en deux. D'un côté, les oppositions, qu'elles soient parlementaires, syndicales, associatives, intellectuelles, médiatiques ou activistes, continuaient à combattre le pouvoir avec violence mais sans représenter autre chose que l'alliance de toutes les minorités agissantes et autrefois dominantes. De l'autre, une majorité silencieuse qui s'était réveillée à travers la coalition Peuple souverain et qui, selon les sondages, soutenait sans faiblir Jérôme Bolton et sa politique anti-système.

Pour l'heure, les Français vivaient donc un moment privilégié comme ils n'en avaient pas connu depuis longtemps. Beaucoup d'entre eux avaient en effet le sentiment que les difficultés d'hier étaient en passe d'être résolues ou en tout cas que leur gravité allait s'amenuisant. Quant au président lui-même, il connaissait comme un état grâce.

Ce dernier ne relâchait pas pour autant ses efforts. Estimant avoir mis sur les rails la plupart des actions stratégiques nécessaires pour trancher le nœud gordien des problèmes de la société française, il avait commencé à s'intéresser à la place de la France dans le monde et plus particulièrement à la question de l'Union européenne. Un dossier qui lui paraissait essentiel au redressement du pays. Et cela d'autant que, pour lancer sa politique de lutte contre l'immigration et l'insécurité, il avait dû bafouer certaines règles de l'Union, ce qui avait ouvert un contentieux entre la France et les institutions européennes. Un contentieux qu'il entendait régler non pas en cédant au pouvoir bruxellois, mais en obtenant une renégociation complète des traités fondateurs de l'Union.

Or, la campagne d'explications qu'il avait engagée après la signature du protocole de Sotchi avait mis le président français en contact avec des chefs d'État ou de gouvernement qui voulaient, comme lui, que l'Union européenne défendît son identité, arrêtât l'immigration et refusât les importations sauvages. Ceux-ci étaient certes peu nombreux, mais leurs convictions et leur détermination étaient à l'évidence plus fortes que celles des gouvernants fidèles à l'Europe bruxelloise.

Ces derniers étaient en effet apparus à Bolton pour la plupart assez ambigus dans leur soutien aux institutions de l'Union, n'hésitant pas à les critiquer lorsqu'ils se trouvaient en face d'interlocuteurs eurosceptiques mais suivant sans état d'âme la ligne politiquement correcte de la Commission lorsqu'ils devaient prendre des positions publiques.

Ils ne se reconnaissaient d'ailleurs pas dans un chef de file charismatique, permettant ainsi à la présidente de la Commission Anna Bramhook de multiplier les initiatives et les prises de position et d'occuper le vide que laissaient les membres du Conseil européen et tout particulièrement le plus puissant d'entre eux, le chancelier de la République fédérale allemande.

Kurt Klausmeister était censé s'imposer comme le principal leader de l'Union et beaucoup à Bruxelles le voyaient comme tel. Patron d'un groupe industriel, il incarnait avec son physique athlétique et ses attaches bavaroises le succès économique allemand. Mais l'homme s'intéressait assez peu à l'Union européenne, sans doute en raison des difficultés électorales qu'il rencontrait dans son pays.

La scène politique de l'Union, telle qu'il avait pu l'appréhender était dès lors apparue au président français comme plus ouverte qu'il ne l'avait craint. Aussi avait-il décidé avec son équipe diplomatique de prendre une initiative d'envergure. L'idée était de rassembler tous les États membres susceptibles de partager le projet de rénovation proposé par la France et d'en faire une puissante force de contestation et de proposition interne à l'Union.

Le ministre des Affaires étrangères Arnaud Dewavrin avait alors multiplié les contacts diplomatiques pour tenter de jeter les bases d'un pacte qui pourrait lier tous les États proches des thèses françaises, et notamment ceux d'Europe centrale et orientale qui avaient, comme la France et souvent avant elle, fermé leurs frontières à l'immigration et défendu leur identité. De fait, l'action intense de la diplomatie française avait été efficace puisque neuf États avaient accepté de se réunir à Prague pour discuter de la signature d'un tel pacte. Outre la France, il s'agissait de l'Autriche, de la Hongrie, de la Tchéquie, de la Slovaquie, de la Slovénie, du Danemark ainsi que de la Grèce et de la Roumanie.

Lors des discussions préliminaires qui avaient eu lieu entre les ministres des Affaires étrangères, de nombreux points avaient d'ores et déjà été acquis comme Dewavrin et ses collaborateurs en avaient fait le rapport au président à l'occasion d'une réunion préparatoire qui s'était tenue la veille du sommet dans la soirée. Ainsi fut-il indiqué au chef de l'État que les pays représentés à Prague avaient d'ores et déjà accepté l'architecture générale du projet français.

Ils étaient donc d'accord pour transformer l'Union en une confédération dirigée par les États membres où la profusion des textes prétendument fondateurs serait remplacée par un traité constitutif court et clair. Ils approuvaient également le principe de restituer aux États la plupart de leurs compétences ordinaires pour laisser l'Union se focaliser sur quelques grandes priorités pour lesquelles la puissance était nécessaire. Avait aussi été acté l'objectif de la nouvelle Union : créer un pôle de puissance qui garantirait l'avenir de la civilisation européenne.

— S'agissant des priorités de l'Union, avait précisé Arnaud Dewavrin, il y a eu un accord sur la défense des frontières et l'arrêt de l'immigration mais aussi sur la régulation du commerce mondial et l'instauration d'écluses douanières entre l'Europe et le reste du monde. Tous nos partenaires sont également favorables à ce que la réindustrialisation du continent devienne une priorité de la nouvelle Union.

Le ministre avait ensuite changé de ton :

— Pour le reste, c'est beaucoup plus difficile. Je pense qu'on pourra trouver un accord sur l'euro. En revanche, la sortie de l'Otan et la création d'une alliance militaire européenne indépendante sont à ce jour des options catégoriquement rejetées par plusieurs pays de l'Est.

— C'était prévisible, avait déclaré le chef de l'État, ils sont encore très pro-américains. Je pense qu'il va falloir abandonner la question militaire. Il sera toujours temps d'y revenir quand la rénovation de l'Union sera acquise.

— Vous avez raison, avait répondu, soulagé, le ministre. Si nous ne cédons pas là-dessus, nous n'aurons pas d'accord !

— Attention, avait cependant précisé le président, j'entends que chacun reste libre de ses positions concernant l'adhésion de l'Ukraine et les relations à établir avec les Russes.

— Oui, là-dessus nous aurons un accord.

— Tout cela me paraît plutôt positif, avait observé Bolton, mais il reste un point essentiel : il faut obtenir pour la France une position prééminente dans le comité directeur du pacte.

La réunion de travail avait eu lieu à la résidence de l'ambassadeur de France à Prague. Lorsqu'elle fut achevée, Bolton demanda à Dewavrin de rester un moment. Tous deux logeant sur place, ils terminèrent la soirée par une conversation amicale et détendue. Depuis qu'il s'était consacré prioritairement aux dossiers internationaux, le chef de l'État avait peu à peu appris à connaître son ministre qu'il estimait et appréciait. Bien qu'issu de Patria, Dewavrin avait de son côté conçu à l'égard de Bolton des sentiments de sympathie et de respect. Aussi la soirée s'était-elle prolongée assez longtemps, jusqu'à ce que le chef de l'État, gagné par la fatigue, se lève.

— Vous avez fait du bon travail, Arnaud, lui avait lancé Bolton avant de rejoindre sa chambre pour la nuit.

Le lendemain matin, vendredi, jour du sommet, le chef de l'État, qui s'était attardé au petit déjeuner, fut interpellé par l'ambassadeur de France à Prague au moment où il allait monter dans sa voiture.

— Monsieur le président, je suis saisi d'une demande très insolite. L'ambassadeur de Russie vient de m'appeler, il demande à ce que vous le receviez de toute urgence pour une question très importante.

— Mais je ne peux pas là. Je pars pour le sommet !

— C'est bien sûr ce que je lui ai dit. Il m'a répondu que ça ne pouvait pas attendre, qu'il serait là très vite et qu'il ne vous importunerait pas longtemps. Il a ajouté qu'il s'agissait d'un message personnel du président russe.

— Le procédé est pour le moins curieux. Qu'en pensez-vous ?

L'ambassadeur précisa qu'il connaissait bien son homologue russe et qu'il le considérait comme un excellent diplomate. Il conseilla donc au chef de l'État d'attendre et de recevoir l'intéressé.

Dewavrin proposa de partir immédiatement afin d'obtenir des participants au sommet un court report de l'heure d'ouverture des travaux ou à défaut de pouvoir représenter le président en début de séance.

— Ça ne posera pas de problème, conclut-il.

Jérôme Bolton donna son accord et Dewavrin partit aussitôt. Pour ne pas lui faire perdre de temps, le chef du protocole de l'ambassade le fit monter dans la voiture que devait emprunter le président, indiquant qu'un autre véhicule identique allait arriver du garage situé à quelques kilomètres de la résidence.

Après le départ du ministre, Bolton s'isola dans un salon de réception où il commença à travailler. Mais, dix minutes plus tard, l'ambassadeur de la Fédération de Russie se fit annoncer. À peine installé en face du chef de l'État, il lui délivra son message.

— Monsieur le président, nos services de renseignements viennent de nous informer qu'un commando doit arriver sur le continent européen pour vous assassiner.

Ce n'était pas la première fois que des mises en garde concernant sa sécurité lui étaient adressées, aussi Jérôme Bolton resta-t-il de marbre, demandant simplement à son interlocuteur de lui en dire un peu plus.

— Monsieur le président, une note détaillée va être adressée dans les minutes qui suivent à votre service de sécurité. Je ne suis venu que pour vous transmettre un message de soutien amical du président Borosilov.

De plus en plus agacé par la démarche par trop protocolaire de son visiteur, Bolton lui demanda de transmettre en retour ses remerciements au président Borosilov.

Puis, jetant un coup d'œil exaspéré à l'ambassadeur de France présent à l'entretien, il demanda à nouveau au diplomate russe de lui dire sans attendre ce qu'il savait de cette menace.

Lorsque le Russe eut quitté son bureau, Bolton, très pâle, se tourna vers l'ambassadeur de France.

— Qu'en pensez-vous, j'ai du mal à croire à son histoire ?

Les deux hommes commencèrent à analyser les informations qui venaient de leur être transmises. Ils n'eurent cependant pas le temps d'aller très loin dans leur réflexion car l'aide de camp du chef de l'État fit brutalement irruption dans le salon.

— Monsieur le président, votre voiture a été attaquée cinq minutes avant son arrivée au lieu de la conférence.

Bolton pensa aussitôt à Dewavrin.

— On ne sait rien encore, lui répondit l'officier.

Après un quart d'heure de silence pénible, l'intéressé revint, consterné :

— Il est mort, Arnaud Dewavrin est mort, le chauffeur, le garde du corps et le conseiller sont morts, ils sont tous morts. La voiture a été la cible de tirs de roquettes.

L'émotion fut immense en France comme en République tchèque et dans le reste du monde. Pendant plusieurs heures, les médias ne surent pas si Jérôme Bolton était en vie ou non. Ce n'est qu'après que ce dernier eut été conduit dans un lieu sécurisé, que le service de presse de l'Élysée fut autorisé à annoncer que la voiture du président de la République française avait bien été détruite par un tir de roquette mais qu'il ne se trouvait pas dans le véhicule au moment de l'attaque. De leur côté, les autorités tchèques précisèrent que le chef de l'État français avait été la cible d'un attentat terroriste commis par une équipe de professionnels dotés d'un matériel de guerre particulièrement sophistiqué.

Cet attentat fut condamné dans le monde entier et notamment par les capitales européennes ainsi que par Washington. Les médias de leur côté se perdirent en conjectures. Qui voulait faire assassiner le président de la République française et pourquoi ?

Beaucoup d'éditorialistes estimèrent d'emblée que le coupable était à rechercher dans la mouvance des États et des organisations islamistes. La politique migratoire de la France désignait en effet le chef de l'État français comme une cible évidente. L'arrêt brutal de toute nouvelle immigration, les mesures, qualifiées souvent d'expéditives, employées pour expulser les clandestins, avaient créé une grande tension entre la France et les pays du Maghreb. Autant de configurations qui avaient pu conduire certains, dans la nébuleuse des organisations terroristes et des services secrets des États musulmans, à décider de l'élimination de Jérôme Bolton. Une piste d'autant plus crédible que la France avait connu une attaque à la bombe sur quatre de ses grandes églises il y avait à peine plus d'un an, juste avant le lancement de sa politique migratoire. La tentative d'assassinat de Bolton survenant juste après la mise en œuvre de cette politique pouvait s'inscrire dans la même logique.

Jérôme Bolton disposait, quant à lui, d'éléments beaucoup plus précis qui lui avaient été fournis par les Russes. Et, surtout, il attendait le résultat de l'enquête menée sur son ordre par les services secrets français.

Quant à la réunion des chefs d'État et de gouvernement, elle fut bien sûr interrompue. Mais Bolton insista pour qu'elle reprît dès le lendemain, indiquant que tel aurait été le souhait de Dewavrin : « Il n'aurait pas voulu que satisfaction fût ainsi donnée aux tueurs », assura le chef de l'État français. Le jour suivant, les travaux reprirent donc un peu laborieusement, chacun ayant plus en tête la mémoire de Dewavrin que la défense des positions de son pays. Au demeurant, les nations présentes partageaient globalement la même vision de l'avenir de l'Europe et reconnaissaient implicitement le leadership de Jérôme Bolton. Aussi le pacte de Prague fut-il signé sans grandes difficultés en fin de journée selon les termes souhaités par ce dernier. À l'évidence, l'émotion provoquée par la tentative d'assassinat du président français et la mort de son ministre des Affaires étrangères avaient facilité la conclusion d'un accord favorable à la France.

Le 3 octobre 2034, Jérôme Bolton se retrouva donc à la tête du « Pacte pour la rénovation de l'Union » dit « pacte de Prague. »

Chapitre 20

Dans le privé seulement

— Mesdames et Messieurs, un peu de silence, je vous prie, lança pour la deuxième fois l'Administrateur du Collège de France dans le grand amphithéâtre Marguerite de Navarre. Les universitaires qui composaient, avec les journalistes, l'essentiel de l'assistance étaient venus nombreux en ce 23 octobre 2034, attirés par le sujet comme par l'auteur de la communication qui allait leur être adressée. Parmi eux se trouvait un ami des Lambrosi, Lucien Malnar, professeur à la Sorbonne, l'un des rares universitaires présents à trouver normal que le chef de l'État s'exprimât en ce lieu. La plupart d'entre eux déploraient en effet que l'institution prestigieuse dans laquelle ils se trouvaient ait pu organiser une telle manifestation et leurs protestations emplissaient les lieux d'un grondement sourd. Après un ultime appel, le silence finit cependant par se faire et le président de la République entra, salua l'Administrateur et alla se placer derrière le pupitre pour prononcer sa conférence sur l'identité de la France.

Jérôme Bolton, qui allait utiliser cette tribune prestigieuse pour faire une annonce politique d'importance, avait un peu hésité avant de donner un accord définitif à sa venue. Fixée depuis longtemps, la date de cette conférence tombait trois semaines après l'attentat de Prague qui avait coûté la vie au ministre des Affaires étrangères. La

France était certes encore sous le coup de l'émotion suscitée par ce drame, mais les obsèques nationales de Dewavrin avaient eu lieu il y avait plus de quinze jours et son successeur, Hubert Donnebois, avait déjà pris ses fonctions. Aussi, Bolton avait-il décidé de présenter comme prévu la loi d'exception concernant l'islam à l'occasion de sa conférence au Collège de France.

« Alors qu'elle devrait être un sujet de consensus, déclara-t-il d'emblée, l'identité nationale est paradoxalement devenue, on le voit encore aujourd'hui, un sujet de polémiques. On observe certes un progrès, puisque pendant des années, on a occulté jusqu'au mot même d'identité. Aujourd'hui, on le tolère mais à condition de définir l'identité française comme un ensemble de valeurs partagées dénommées « valeurs de la République ». Ce qui permet notamment d'affirmer que n'importe quel individu habitant dans l'Hexagone a selon cette définition vocation à être français pour peu qu'il communie dans ces valeurs. »

Et le président de souligner l'absurdité d'une telle conception :

« Si l'identité de la France se limite à un ensemble de valeurs à caractère universel, en quoi alors se différencie-t-elle de celle de tous les pays qui se réfèrent eux aussi aux droits de l'homme et à la démocratie ? La vérité est que l'identité de la France est une réalité plus complexe et plus exclusive. Sans doute ne se prête-t-elle pas à une définition simpliste, il me semble cependant qu'on peut l'approcher en partant de quatre réalités fondamentales constitutives de son essence. »

En s'engageant ainsi sur un chemin de crête qu'aucun de ses prédécesseurs récents n'avait eu le courage d'emprunter, Bolton voulait amener les Français à reprendre pleinement conscience de ce qu'ils sont. Aussi estimait-il essentiel que les autorités du pays explicitent et proclament l'identité de la France dans sa réalité profonde, telle qu'il entendait maintenant la définir solennellement à travers cette conférence au Collège de France.

C'est donc avec force qu'il commença à donner ce qui devait être, pour l'État et toutes ses ramifications, la définition officielle de l'identité nationale.

« La France, déclara-t-il, c'est d'abord les Français eux-mêmes, c'est-à-dire le peuple qu'ils forment depuis les origines de notre nation et qui, de par ses racines gallo-romaines, mais aussi germaniques, celtiques et nordiques, s'affirme comme fondamentalement européen et donc de race blanche. Une réalité ethnique demeurée inchangée jusqu'au milieu du siècle dernier et qui constitue le fonds identitaire que notre nation partage avec ses voisins européens. »

La salle fut secouée par une onde de commentaires hostiles que Bolton ignora souverainement :

« La seconde composante est la culture française, un trésor d'une incroyable richesse qui s'enracine dans son héritage grec et romain et qui s'est déployé pendant des siècles dans tous les domaines de l'art et de la science. Forgée autour de notre langue, le français, la culture française a rayonné dans le monde, forçant bien souvent l'admiration des étrangers. »

Le silence qui suivit indiqua que personne dans l'assistance n'avait d'objection à exprimer.

« Quant à la troisième réalité, il s'agit du christianisme, poursuivit-il, qui a été pendant quinze cents ans la religion dominante de notre nation. Aussi, que l'on soit chrétien ou non, pratiquant ou non, personne ne peut nier le rôle majeur que cette religion a joué dans la formation de notre pays. N'a-t-elle pas pendant des siècles couvert notre sol d'églises et de cathédrales admirables et, au-delà, marqué la conscience, la culture et l'histoire des Français ? »

Cette fois c'est un brouhaha prolongé qui se fit entendre, mais, toujours impassible, Bolton enchaîna :

« La dernière composante est bien sûr le territoire de notre pays. Un territoire d'une étonnante richesse et d'une grande beauté qui a profondément contribué à forger l'identité de ceux qui y ont vécu. Un territoire dont les frontières ont été dessinées progressivement au fil des siècles par la volonté de ses rois et de ses chefs et grâce aussi au sang versé par ceux de nos ancêtres qui se sont battus et ont donné leur vie pour l'agrandir ou le défendre. »

Et Bolton de préciser :

« Ces quatre composantes ne seraient cependant rien sans l'histoire qui, au fil des siècles, a brassé tous ces atouts culturels, territoriaux, ethniques et religieux pour façonner ce pays qui est le nôtre et dont nous avons hérité. Une histoire qui ne commence pas en 1789 mais plonge ses racines dans notre lointain passé. Tantôt douloureuse, tantôt grandiose, elle a conduit aux pires épreuves comme aux plus grandes gloires et, à la manière d'une mystérieuse alchimie, a forgé cette nation qui n'est semblable à aucune autre et dont nous devons être fiers. »

Bolton s'arrêta un moment et reprit :

« Une nation qui a de plus cette particularité étonnante d'être la synthèse de l'Europe. Appartenant à la fois au Nord et au Sud, ouverte sur l'Océan comme sur le cœur du continent, elle a reçu les influences de tous les foyers culturels européens. Des apports qu'elle a su assimiler et sublimer pour édifier cette identité qui permet aujourd'hui d'affirmer que l'Europe n'existerait pas sans la France. »

Bolton fit une pause assez longue pour montrer qu'il avait achevé la première partie de son propos. Puis il reprit sur un ton plus combatif.

« Parce que l'identité est un sujet tabou du politiquement correct, les Français ne savent plus qui ils sont. Ils ont bien sûr une conscience intuitive plus ou moins prononcée de leurs origines et de ce qu'est leur patrie. Mais il n'y a plus rien d'explicite ni de formalisé. Et pour cause, tout a été fait au cours de ces dernières décennies pour occulter la réalité de l'identité française. Que ce soit à l'école, dans les médias ou chez les politiques, la France n'apparaît plus que comme une abstraction théorique. Aussi ai-je l'intention de rompre avec ce processus délétère car, pour défendre notre identité, il est aujourd'hui indispensable de l'expliciter et de la proclamer telle qu'elle se présente dans toute la richesse de ses différentes composantes. Les Français doivent reprendre conscience de ce qu'ils sont et les étrangers résidant sur notre sol découvrir la grandeur de la nation qui les accueille. »

Et le président d'ajouter :

« C'est aussi en explicitant clairement notre identité que l'on mesure la gravité des menaces qui pèsent sur elle car c'est dans ses différentes composantes que l'identité de la France est de nos jours attaquée. Ainsi, la dimension ethnique du peuple français se trouve clairement mise en cause par l'afflux de populations extra-européennes. La composante chrétienne de notre identité est de son côté fragilisée par la concurrence d'un islam en pleine expansion qui cherche à s'imposer sur notre sol. Quant à sa composante culturelle, elle est compromise par la montée migratoire mais aussi par la pression anglo-saxonne et par le processus de déconstruction des valeurs orchestré par certaines minorités inspirées par l'idéologie woke. »

Le président de la République poursuivit sa conférence dans un calme relatif et la termina sous des applaudissements polis. Le professeur Malnar se félicita que le chef de l'État ait pu prononcer sa conférence sans en être empêché à aucun moment. Restait cependant le temps des questions, un exercice auquel le chef de l'État avait refusé de se soustraire. Il répondit donc avec application à chacune d'entre elles. Mais deux de ses réponses occultèrent les autres et marquèrent les esprits en faisant la une des médias.

La première fut provoquée par la question de Kevin Barkas, un journaliste du *Rapide* :

— Monsieur le président, dans votre discours pourtant fouillé sur notre identité, vous n'avez pratiquement pas parlé de la laïcité. Or, c'est peut-être la valeur la plus importante pour nous définir et pour permettre l'intégration des immigrés.

La réponse fut cinglante :

— Cher monsieur, je suis certes partisan de la laïcité, c'est-à-dire de la séparation des églises et de l'État, et j'estime qu'il s'agit là en effet d'un critère pratique pour juger de "l'intégration" d'un immigré mais, pour le reste, je considère que le recours à ce principe pour traiter de la question de l'immigration s'est révélé catastrophique.

La salle se récria et Bolton s'expliqua :

— La référence à la laïcité a d'abord conduit à placer toutes les religions sur un pied d'égalité. Une pratique qui assure à l'islam, présent sur notre sol depuis quelques décennies seulement, une promotion extraordinaire, le hissant au même niveau que le christianisme, lequel a façonné notre civilisation pendant près de quinze siècles. De ce point de vue, le discours sur la laïcité a gravement obéré notre identité.

L'assistance protesta mais Bolton poursuivit.

— Ensuite, appliquée aux réalités concrètes, la laïcité est apparue plutôt inefficace. Le burkini est-il ou non conforme au principe de laïcité ? Le débat ne cesse d'être réouvert. S'agissant du voile à l'école, les textes qui l'interdisent ne le nomment même pas explicitement, utilisant à la place la formule "signes religieux ostentatoires". En vérité, le principe de laïcité est inopérant et laisse donc d'innombrables polémiques s'instaurer à propos de chaque nouvelle manifestation publique de l'identité musulmane.

Les protestations de l'auditoire, peut-être à moitié convaincu par les affirmations du président de la République, se firent moins bruyantes.

— Enfin, ajouta le chef de l'État, la laïcité n'est pas une thématique qui pousse à l'assimilation au sein de notre nation. Expliquer aux jeunes musulmans que la France se résume essentiellement à la laïcité est une aberration qui ne peut susciter que l'indifférence, le rejet, voire le mépris. Notion abstraite et incompréhensible pour beaucoup, la laïcité ne peut pas servir de creuset pour transformer les immigrés en Français à part entière.

La seconde question dont la réponse marqua les esprits fut posée par Véronique Baffi, journaliste à *l'Univers* :

— Monsieur le président, dans votre conférence sur l'identité de la France, vous n'avez accordé aucune place à l'islam. Comment dans ces conditions pouvez-vous espérer réussir l'intégration des musulmans ?

Attendant depuis un moment une question de ce type, le chef de l'État entreprit de préciser très officiellement les limites à l'intérieur desquelles l'islam pouvait trouver sa place dans la société française.

— D'abord, au nom des Français, je revendique notre droit à l'identité, déclara-t-il. La France a le droit de conserver son identité telle que j'en ai rappelé les grandes composantes et celle-ci doit être respectée par les populations étrangères vivant sur notre sol, comme l'exigent de leur côté la plupart des pays du monde.

Le président affirma ensuite que l'islam était une religion porteuse d'une autre civilisation et qu'à ce titre il n'était pas compatible avec notre identité.

— Or, beaucoup de musulmans détiennent maintenant la nationalité française, expliqua-t-il, et à ce titre sont officiellement considérés comme faisant partie du peuple français. Si donc leur nombre dépasse un certain seuil critique, l'identité de ce dernier va éclater en deux entités antagonistes qui ne pourront que se concurrencer, s'opposer, voire se combattre.

Sans tenir compte des réactions de la salle, Jérôme Bolton ajouta :

— Pour tenter de résoudre cette grave difficulté, les dirigeants qui m'ont précédé avaient imaginé de diluer notre identité au point de n'en retenir que quelques valeurs dites républicaines, ce qui, selon eux, devait permettre aux deux populations de se reconnaître comme relevant de cette même identité minimaliste et donc de « vivre ensemble » comme un seul et même peuple doté d'une commune identité. À l'évidence, cette construction très abstraite et toute théorique a d'ores et déjà échoué, Aussi, tournant le dos à ces chimères, nous allons adopter une autre logique, celle de la défense légitime de notre civilisation.

Le chef de l'État indiqua que cette logique était celle que respectent les Français non musulmans pratiquant une religion autre que le christianisme. Une logique qui les avait amenés à ne pas chercher à marquer de leurs signes religieux les institutions et la vie publique de notre pays dont ils se sont par ailleurs approprié la culture et l'histoire.

— Je m'adresse donc aux Français immigrés à qui mes prédécesseurs n'ont jamais rien demandé en contrepartie de l'accueil que nous leur avons réservé. Moi, je leur demande de respecter l'identité française en cessant de vouloir la transformer par des revendications islamiques incessantes.

Puis, changeant de ton, il précisa :

— Pour que les choses soient désormais claires et ne donnent plus matière à discussion, une loi d'exception va être bientôt déposée sur le bureau de l'Assemblée nationale qui instaurera la règle suivante : toutes les manifestations et expressions de l'identité musulmane sont interdites dans tous les espace publics et lieux de travail.

Et le chef de l'État d'illustrer son propos :

— Cela concerne par exemple toutes les tenues vestimentaires propres à l'islam, comme le voile, ainsi que les repas dans les cantines, les horaires de piscine ou la pratique de la médecine, notamment.

L'assistance resta un moment médusée, ce qui permit à Bolton d'ajouter :

— Pour autant, les musulmans présents en France demeurent bien sûr entièrement libres de pratiquer leur religion, à condition que ce soit dans la sphère privée. Ils pourront compter sur l'État pour garantir sur ces bases leur liberté de culte. Nous allons même faire voter une loi qui interdira le blasphème dans toutes les religions, ce qui empêchera, pour ce qui les concerne, que l'on caricature leur dieu ou son prophète.

Un peu sidérée par cette annonce majeure qui n'était nullement attendue par les médias, l'assistance resta silencieuse un moment. Puis, ce fut comme une clameur qui emplit l'amphithéâtre.

L'administrateur du Collège de France prononça ensuite une allocution de conclusion très objective et synthétique comme il le faisait pour des conférenciers universitaires. Ce faisant, il inventa la formule que tous les médias reprirent de façon lancinante : « le président veut confiner l'islam. »

De retour à l'Élysée, le chef de l'État, qui avait eu, avec cette conférence sur l'identité de la France, l'heureuse impression de tourner la page de l'attentat de Prague, fut brutalement contraint de la rouvrir à nouveau. Le directeur de la DGSE qui voulait lui parler en urgence l'attendait dans la salle de commandement de l'Élysée qu'il avait déjà fait mettre en mode opérationnel afin d'y tenir une réunion totalement sécurisée, notamment contre les écoutes. Le président de la République y retrouva donc l'homme des services secrets, un officier général dont le visage aux traits rudes renvoyait une impression de force et d'intelligence qui en désarçonnait beaucoup. L'intéressé commença par valider les informations données par les Russes : les tueurs étaient bien américains, vraisemblablement des hommes de main proches de la CIA et le commanditaire était un homme d'affaires franco-américain non identifié à ce jour. Mais, plus surprenant encore, les services français avaient acquis la certitude que la Maison-Blanche avait été mise au courant de ce complot et avait délibérément laissé faire le commando, sans alerter les autorités françaises.

Gagné par la colère, Bolton fut tenté de rendre publiques toutes ces informations. Mais son interlocuteur l'en dissuada. La DGSE ne disposait en effet d'aucune preuve tangible et bien sûr la Maison-Blanche nierait tout lien avec les tueurs. Dès lors, accuser sans preuve les États-Unis d'un tel forfait créerait inévitablement, entre Paris et Washington, un fossé profond et durable qui risquait d'éloigner définitivement les pays européens pro-américains de la France et de son projet de refondation de l'Union. Bolton décida donc de suivre les conseils de son interlocuteur mais demanda qu'on identifie au plus vite le commanditaire et qu'on l'arrête pour le faire parler et le juger en public.

Chapitre 21

Guerre et paix

La reconquête des cités interdites se poursuivait maintenant depuis plusieurs mois sans incidents majeurs. Les cités étaient investies les unes après les autres dans un ordre délibérément aléatoire, aussi, le 10 janvier 2035, Bachir Maklouf, le caïd de la cité des Trois Têtes, ne fut-il pas étonné d'être réveillé à cinq heures du matin par son portable : « Ils sont là ! », lui annonça l'un de ses gardes.

Il donna aussitôt l'ordre qu'attendait l'équipe qui détenait Ibrahim, laquelle entraîna le jeune homme sur le toit de l'immeuble où était entassée une multitude de gros objets. En contre-bas, le vacarme que produisait l'affrontement des jeunes et des gendarmes allait croissant. L'un des hommes de main dit alors à Ibrahim : « Allons-y, balançons-leur tout ça sur le crâne à ces chiens » et, donnant l'exemple, il commença à jeter des projectiles sur les forces de sécurité qui avançaient en longeant l'immeuble. Ibrahim n'eut pas le temps d'en jeter beaucoup, les deux autres hommes qui étaient restés en retrait s'avancèrent et le poussèrent dans le vide.

Portant une tenue noire et des casques de gendarme mobile, ceux-ci s'attardèrent un moment puis quittèrent tranquillement le toit pour rejoindre le troisième homme qui s'était éclipsé. Bachir Maklouf reçut peu de temps après un court message : « La vidéo est parfaite. Dès que j'ai ton feu vert, je la poste sur les réseaux sociaux » Maklouf la visionna : on y voyait, filmé d'en bas, Ibrahim Kateb lançant des objets, puis deux gendarmes le poussant dans le vide. La vidéo satura les réseaux sociaux de messages de colère et de haine suivis d'appels à la vengeance.

Le soir même, les premières émeutes enflammèrent les quartiers proches de la cité concernée. Le lendemain soir, les émeutes avaient gagné tous les quartiers difficiles des grandes villes de France et, quand la troisième nuit tomba, ce fut l'embrasement général.

Les Français, qui ressentaient depuis quelque temps une réelle amélioration de leur sécurité, furent pris par surprise. Il en fut apparemment de même de l'exécutif, car ce n'est qu'au lendemain du troisième soir, le 14 janvier 2034, que se tint en urgence un Conseil de défense. Le ministre de l'Intérieur appelé à ouvrir la séance ne chercha pas à cacher son inquiétude :

— La situation est très grave et nous sommes sur le point d'en perdre le contrôle. Les insurgés utilisent maintenant des armes de guerre contre les forces de l'ordre, ils mènent des raids de terreur dans les quartiers tranquilles et sont en train de transformer les cités interdites non encore reconquises en véritables fortins. Ceux qui contrôlent les armes de guerre dans les cités ont décidé de frapper fort. À l'évidence, c'est la réponse à notre opération de reconquête des cités.

Quand le ministre de l'Intérieur se tut, le silence le plus total régnait dans la salle de conférence.

— Quelqu'un a-t-il quelque chose d'immédiatement efficace à nous proposer ? lança Bolton.

Bien entendu, les états-majors du ministère de l'Intérieur disposaient de plans pour faire face à de telles situations. Des cartes s'affichèrent sur des écrans mais, sans les regarder, Delpin déclara :

— Compte tenu de l'ampleur du mouvement, il nous faut faire appel à l'armée et il faut qu'elle intervienne au plus vite.

— Je soutiens la position de Delpin, lança, à son tour, le Premier ministre en fixant Bolton, il faut faire appel aux forces armées.

Le président regarda le ministre de la Défense qui regarda le chef d'état-major des armées, le général Lafargue.

— Les forces armées sont à vos ordres, monsieur le président, déclara ce dernier. Je pense qu'en mobilisant tous nos effectifs et donc en rapatriant en urgence les troupes déployées sur des théâtres extérieurs, nous pouvons reprendre assez vite le contrôle de notre territoire.

Le ministre de la Défense approuva. Mais le ministre de l'Économie fit entendre une voix dissonante :

— Prenons la mesure de ce que nous disons, déclara-t-il. J'entends que l'armée française pourrait être engagée sur le sol français contre des ressortissants français. Mais si l'armée s'engage, elle se bat avec des armes conçues pour tuer. Or, je vous rappelle que les émeutes ont été déclenchées par la mort du jeune Ibrahim. Si l'armée intervient, il y aura des centaines d'Ibrahim.

Delpin, qui avait longuement réfléchi à cette question, prit la parole et s'adressa au président de la République.

— Ce que dit Nanceau est exact et il y aura un coût politique à payer pour cette option de fermeté. Mais si nous nous laissons déborder, nous aurons aussi des morts, des morts parmi les Français fidèles à leur patrie cette fois. Si nous faiblissons, c'est votre politique de maîtrise de l'immigration et de retour à l'ordre qui sera balayée. J'ajoute même à ce stade que si nous n'intervenons pas très vite et très fort, l'insurrection peut l'emporter et jeter la France dans l'anarchie la plus totale. En revanche, si nous écrasons ces insurgés, non seulement notre politique migratoire sera confortée, mais l'État retrouvera d'un coup son autorité sur ces populations en même temps qu'il leur imposera de nouveau le respect.

Le Premier ministre défendit lui aussi cette position en ajoutant qu'une telle intervention pourrait de surcroît permettre la reprise en main générale de toutes les cités.

Les autres membres du conseil de défense moins directement concernés restèrent prudemment silencieux.

Jérôme Bolton, quant à lui, avait pâli en écoutant ses proches. Jusqu'à présent, il avait en effet exercé ses responsabilités dans un cadre pacifique. Cette fois, les décisions qu'il allait prendre provoqueraient la mort de jeunes Français. Mais, de l'autre côté, il savait que la moindre faiblesse de sa part pouvait précipiter le pays dans le chaos et ruiner son œuvre de redressement. Aussi est-ce sans hésitation qu'il se prononça :

— Nous n'avons pas le choix. Général, préparez-vous à une intervention la plus rapide et la plus efficace possible. Mais aussi, ajouta-t-il, la moins coûteuse en vies humaines.

Le président de la République leva la séance et entraîna François Delpin dans son bureau.

— Que sait-on de ce jeune homme dont la mort a enflammé le pays ?

— L'intéressé s'appelle Ibrahim Kateb, répondit Delpin, et, chose surprenante, il est l'un des terroristes du 9 janvier 2033, celui qui devait se faire exploser à Notre-Dame et qui y avait renoncé. Nos services le connaissent bien car, craignant d'être exécuté par ses chefs djihadistes, il avait fini par se rendre de lui-même à la police. Les enquêteurs n'avaient malheureusement pas tiré grand-chose de lui car, arrivé d'Irak quelques jours seulement avant les attentats, il ne savait presque rien. Aussi avaient-ils décidé de le remettre en liberté et de le suivre de près dans l'espoir que son groupe reprenne contact avec lui mais, il y a cinq jours, les agents qui le surveillaient ont perdu sa trace.

— Ce qui voudrait dire que les commanditaires des attentats des églises et ceux qui ont voulu cette insurrection des banlieues sont les mêmes ?

— Oui, c'est cela ! Et nous pensons de plus que le caïd de la cité doit être proche de ces djihadistes. Il s'appelle Bachir Maklouf, il est en fuite mais nous allons le retrouver.

— Il y a décidemment beaucoup de monde qui vous échappe, lâcha Bolton, de mauvaise humeur. Retrouvez-le au plus vite.

Le soir venu, à vingt heures, alors que les militaires travaillaient sur leurs plans et rassemblaient leurs troupes, le chef de l'État prit la parole depuis l'Élysée. Il s'exprima avec sobriété, calme et autorité :

— Depuis quelques jours maintenant, la France voit se dresser contre elle un ennemi de l'intérieur qui cherche à créer le chaos. Ces agitateurs trahissent le pays qui les accueille ou celui qu'ils devraient considérer comme leur patrie. J'ai donc demandé à l'armée d'intervenir pour les mettre hors d'état de nuire dans les plus brefs délais.

Puis, changeant de ton, le président reprit :

— Dans ces circonstances difficiles je demande à chacun de prendre clairement position. Et là, je m'adresse plus directement aux citoyens et aux résidents d'origine immigrée. La France vous a accueillis dignement, vous, vos parents ou vos grands-parents, et vous a offert une place dans la société française tout en vous apportant de nombreux avantages qui ne vous sont nullement offerts dans votre pays d'origine. Ce soir, alors que certains trahissent notre nation et défient l'autorité du gouvernement, je vous demande votre soutien. La France vous a aidés, aidez-la en retour. N'apportez aucune aide aux traîtres et aux factieux, et exprimez concrètement votre soutien à notre pays !

Bolton entreprit ensuite de rassurer l'ensemble de la population. Il proclama avec force la pérennité de l'État et de la nation. Il exprima sa conviction que cette épreuve serait surmontée et que la France en sortirait renforcée. Il affirma sa volonté de poursuivre quoi qu'il arrive son œuvre de redressement national. Enfin, il appela ceux qui avaient cédé à la violence ces derniers jours à prendre conscience de leurs erreurs, à rendre leurs armes et à rentrer chez eux.

La nuit venue, les Français terrifiés se barricadèrent à leur domicile, abandonnant les rues presque totalement désertes aux racailles dont la révolte s'apparentait de plus en plus à une insurrection.

La mise en ordre de bataille des régiments et la mise sur pied des états-majors mixtes armée police prirent un certain temps. Un temps de latence que l'opposition exploita pour attaquer le pouvoir. Dans les rangs du Centre en marche gagnés par la peur, on dénonça « une incapacité irresponsable du pouvoir à mobiliser les moyens nécessaires pour rétablir l'ordre. » Du côté de la gauche, dont les militants commençaient à douter du caractère protecteur de leur étiquette politique, ce fut un déchaînement quasi hystérique contre Jérôme Bolton qui, selon ses porte-parole, « basculait dans le militarisme et le fascisme » alors qu'il aurait fallu, selon eux, tendre la main et aller vers une négociation. À gauche comme au centre, chacun déclara donc que les lois d'exception adoptées les unes après les autres à l'encontre des populations immigrées avaient poussé celles-ci à la révolte et qu'il fallait en conséquence les abroger toutes, purement et simplement.

Le chef de l'État qui, compte tenu de la gravité de la situation, espérait pouvoir compter sur une forme au moins tacite d'union nationale dut donc assumer seul la décision d'imposer par la force le retour à l'ordre.

Le début des opérations militaires, le 20 janvier 2034, fut aussi celui des premiers décomptes de morts et de blessés. Des chiffres au demeurant limités mais qui concernaient essentiellement les insurgés dont certains étaient mineurs. Une dure réalité qui bouleversa l'opinion publique et ouvrit de nombreux débats sur le thème : « Comment en est-on arrivé là ? » Les partis de gauche accusèrent le gouvernement de commettre un massacre et lancèrent une pétition « pour l'arrêt immédiat des combats. » Sans entrer dans la polémique, les porte-parole du gouvernement expliquaient en retour que tout pouvait s'arrêter si les factieux rendaient leurs armes.

L'extrême gauche, de son côté, toujours en pointe dans l'opposition au pouvoir, prit parti dès le début des troubles en faveur des émeutiers. Elle essuya en retour un camouflet aussi cinglant que tragique. En effet, lorsque les militants activistes de Spartakus se présentèrent aux insurgés « pour les soutenir », ils furent presque partout violemment refoulés. Traités de « bouffons » et de « sales Français », beaucoup furent battus avant d'être chassés, d'autres, traités d'espions, furent tués, d'autres encore, comme dans la cité des Beaux Peupliers près d'Orange, furent alignés et sauvagement exécutés à l'arme blanche devant des portables branchés sur les réseaux sociaux. L'extrême gauche islamo-gauchiste resta ensuite silencieuse pendant toute la durée de l'insurrection.

Sur le plan militaire, les forces de sécurité eurent à faire face à deux configurations différentes. D'un côté, elles durent assiéger et prendre d'assaut les cités qui s'étaient transformées en fortins où se concentrait le gros des troupes factieuses. Pour l'armée, la principale difficulté résidait dans la présence de certains habitants qui y occupaient encore leurs logements. L'action elle-même, menée contre des combattants inexpérimentés, ne durait généralement que quelques heures avec un nombre de blessés et de tués limité. De nombreux insurgés étaient alors fait prisonniers et la cité remise sous l'autorité d'un sous-préfet à un détachement de CRS afin de lui faire subir le traitement prévu pour la reconquête des cités interdites.

L'autre configuration, qui mobilisait un nombre plus limité d'insurgés, prenait la forme beaucoup plus meurtrière de raids frappant les quartiers tranquilles des grandes villes et semant la terreur partout où ils passaient. Se déplaçant en groupes, tous dotés d'armes automatiques, ces insurgés-là tiraient sur les voitures, entraient dans les commerces pour y tuer les clients, pénétraient dans les immeubles en mitraillant les portes palières, s'introduisant même dans les appartements pour y commettre des atrocités. Heureusement, les forces de sécurité mirent très vite au point des tactiques permettant de les repérer sans délai et de faire intervenir aussitôt par hélicoptère des troupes d'élite qui éliminaient jusqu'au dernier tous les membres de ces commandos barbares.

Sur tous ces lieux d'intervention où les unités de l'armée gagnaient en expérience et en savoir-faire, les opérations devinrent peu à peu plus rapides et plus efficaces, alors que le moral des insurgés ne cessait de baisser. Les raids de terreur se firent de moins en moins fréquents pour cesser complètement quelque quatre semaines après le début de l'insurrection. Vers la fin de l'opération militaire contre les cités, les pertes humaines devinrent très faibles, de nombreuses bandes se rendant spontanément aux autorités avant le début de l'assaut. Si bien qu'au bout de deux mois, soit le 22 mars 2035, la reconquête des cités et la pacification du territoire furent considérées comme terminées.

La répression des factieux fut aussitôt engagée. Une loi d'exception fut votée pour créer une juridiction spéciale chargée de les juger.

Pour reprendre l'initiative et tourner la page de ces événements difficiles, tout en les assumant sans état d'âme, Bolton demanda qu'une cérémonie solennelle fût organisée en l'honneur des forces de sécurité. Elle se tint dans la Cour carrée du Louvre le mardi 27 mars 2035 en la présence de plusieurs détachements de militaires et de policiers.

Le chef de l'État remit des décorations et, dans son discours, remercia les forces armées pour le service qu'elles avaient rendu à la nation et dont elles pouvaient être fières. Il expliqua que cet épisode douloureux devait être vécu positivement par tous les Français mais aussi par les résidents étrangers car il créait les conditions d'un nouveau départ sur des bases assainies.

En l'écoutant, chacun pensa qu'en effet le rapport de force entre l'État et les immigrés avait changé. Ceux qui haïssaient la France continueraient sans doute de la haïr mais, marqués par la détermination de Jérôme Bolton, ils savaient qu'elle avait cessé d'être faible et lâche. Aussi le président ne jugea-t-il pas utile d'expliquer longuement ce que chacun avait admis. Il se contenta d'affirmer :

— La France restera la France et ceux qui veulent rester Français ou rester sur son sol ont, je pense, bien compris qu'il leur faut pour cela la respecter et se soumettre à ses lois.

Chapitre 22

Les sorciers du crépuscule

En ce 10 avril 2035, à vingt heures trente, en direct sur les écrans de télévision, le président de la République était l'invité très spécial de l'émission *Face aux médias*. Une émission qui devait ce soir-là être consacrée à la politique écologique de la France.

Dix jours à peine après la cérémonie de fin d'insurrection, le chef de l'État voulait en effet tourner au plus vite la page de ces événements et, pour ce faire, il avait décidé de se prononcer sur un sujet important à propos duquel il s'était peu exprimé jusqu'alors.

Mais lorsque l'émission commença, les téléspectateurs eurent la surprise de voir les images d'un énorme chantier. Rien n'était encore sorti de terre mais d'innombrables machines s'affairaient de toutes parts. Puis, la caméra fit apparaître Thierry Drancourt, l'animateur vedette de RT2, qui expliqua qu'il se trouvait sur le site de construction de la centrale nucléaire de Maubousson dont Jérôme Bolton venait de poser la première pierre. On vit alors des images du chef de l'État visitant le site et procédant à la cérémonie entouré de nombreuses personnalités. Puis, sans transition, on le vit, en direct cette fois, sur le plateau de *Face aux médias*, un plateau agencé pour donner l'impression que le débat se déroulait au cœur du chantier.

Thierry Drancourt posa d'emblée au chef de l'État la question qui était sur toutes les lèvres :

— Monsieur le président, cette émission est consacrée à l'écologie et vous avez voulu qu'elle se déroule sur le site d'une future centrale nucléaire ! Quel est le rapport ?

— Cela veut dire, déclara le chef de l'État, que la France relève désormais les défis écologiques par la science et la technologie et non par les brimades, la contraintes, les taxes, les interdits, la désindustrialisation et la décroissance. Alors que d'autres pays produisent encore leur électricité en brûlant du gaz, du pétrole ou du charbon, nous, avec nos centrales nucléaires, nous produisons l'électricité dont nous avons besoin à un coût inférieur au leur et sans émettre de pollution puisque ces centrales ne rejettent pas de gaz carbonique.

Au passage, Bolton ne manqua pas de mentionner que la centrale de Maubousson était la troisième à avoir été mise en chantier depuis son élection.

Thierry Drancourt, qui voulait conserver le contrôle de l'émission, ne suivit pas Bolton sur ce terrain :

— Reprenons les choses dans l'ordre, si vous le voulez bien, car, avant d'aborder les questions énergétiques, je voudrais connaître votre position sur le réchauffement climatique.

Bolton laissa passer un temps de silence avant de répondre :

— S'il y a indéniablement un réchauffement de la planète, force est de constater que ce changement de température n'est pas le premier dans l'histoire. Les régions de l'Atlantique Nord ont par exemple connu, entre le Xe et le XIIIe siècle, un épisode de réchauffement climatique appelé « Petit optimum médiéval » qui a permis la colonisation de l'Islande puis l'accès au Groenland par les Scandinaves.

— Donc vous êtes climato-sceptique, lança Pascaline Roux, journaliste politique à RT2. Vous ne croyez pas que l'homme soit responsable du réchauffement climatique !

— Je n'ai pas dit cela, rétorqua Jérôme Bolton. Simplement, je ne me place pas comme vous sur le terrain des croyances, mais sur celui des vérités scientifiques et, sur ce plan, la question est plus complexe qu'il n'y paraît au premier abord.

— Mais enfin, intervint Léo Vrapenne journaliste au *Rapide*, tous les scientifiques du Giec ont validé cette réalité. Comment pouvez-vous mettre tout ça en cause ?

— Je ne remets rien en cause puisque je prends en compte l'hypothèse que les activités humaines jouent un rôle dans ce phénomène et notamment dans la vitesse de son développement. Ce que je remets en cause, en revanche, ce sont les conséquences politiques que certains en tirent.

— Que voulez-vous dire ?

— Si le réchauffement climatique est provoqué par l'activité humaine sur la planète, il est lié de ce fait à l'importance de la population mondiale. Or, aujourd'hui, le facteur démographique est complètement occulté dans l'analyse de ce phénomène, ce qui est une grave erreur, car c'est aussi le nombre croissant des habitants de la terre qui provoque l'augmentation des rejets de CO_2, de la même façon d'ailleurs qu'il aggrave tous les autres problèmes écologiques.

— Très bien, dit Drancourt, la croissance de la population entraîne la croissance de la pollution. Et alors ?

— Vous voulez dénier aux pays les plus pauvres le droit d'atteindre un jour notre niveau de vie ? lança Véronique Baffi, coupant le présentateur de l'émission.

— Justement, c'est là le point important car si la population mondiale était de 1,8 milliard d'habitants au milieu du siècle dernier, elle atteint aujourd'hui 8,5 milliards, un chiffre presque cinq fois supérieur. Certes, cette croissance spectaculaire de la population mondiale n'a pas eu d'effets trop perturbateurs jusqu'à présent, car les pays responsables de cette explosion démographique sont généralement les plus pauvres et donc les moins producteurs de $C0_2$. Mais ceux-ci, notamment en Afrique noire, aspirent légitimement à une amélioration de leurs conditions de vie. Alors, je vous pose la question centrale : croyez-vous que l'on pourra offrir le niveau de vie actuel des Américains aux quinze milliards de personnes qui, dans vingt ans, peupleront la terre ? Bien sûr que non ! Telle est donc ma première conclusion politique : la croissance démographique mondiale, débridée et incontrôlée notamment en Afrique, constitue une menace majeure pour la planète.

Pascaline Roux voulut poser une question mais le président, emporté par son élan, poursuivit :

— Ceci est ma première conclusion et la seconde est liée à la part extrêmement faible de la France et de l'Europe dans la croissance démographique mondiale. En effet, pendant que la population terrestre passait de 1,8 milliard d'habitants à 8,5 milliards, la part de l'Europe dans la population mondiale, qui a culminé à 25 p. cent en 1900, s'est effondrée à moins de 10 p. cent de nos jours. De plus, notre pays est l'un de ceux qui, parmi les pays développés, rejettent le moins de gaz carbonique par habitant. Aussi, la responsabilité de la France dans le réchauffement climatique est-elle pratiquement nulle. D'ailleurs, la part de notre pays dans la production mondiale de CO_2 est inférieure à 1 p. cent. Ma deuxième conclusion est donc que nous avons déjà largement fait notre part du travail.

— C'est faux, nous sommes encore loin de l'objectif « zéro carbone » de l'Union européenne. Qu'allez-vous faire pour atteindre cet objectif ? demanda Véronique Baffi.

— Rien !

— Comment ça ?

— Vous m'avez bien entendu : rien, rien de plus que tout ce que mes prédécesseurs ont déjà lancé car, pour l'instant, nous sommes plutôt les dindons de la farce. Dans les années qui viennent, il n'y aura pas d'augmentation notable de notre population alors que celle de l'Afrique noire va exploser avec tous les dangers que cela représente pour nous en termes de pression migratoire. Dans le même temps, les nouvelles grandes puissances comme la Chine ou l'Inde consomment et produisent sans se soucier de la pollution qu'elles rejettent, obtenant ainsi dans un monde de libre-échange frénétique des coûts de fabrication bien inférieurs à ceux auxquels parviennent nos industries, ce qui menace notre pays d'une désindustrialisation totale.

— Mais vous ne pouvez pas ne rien faire, ce n'est pas possible, nous avons pris des engagements internationaux, il faut les respecter, c'est une obligation ! s'écria, indignée, Pascaline Roux.

— Madame, il est temps de revenir dans le monde réel : les émissions mondiales de CO_2 augmentent et vont continuer d'augmenter même si l'Europe cesse d'exister, parce que, pour le monde non occidental, il n'y a pas d'urgence climatique ! La priorité des puissances émergentes est à la croissance, quels que soient les accords signés. D'ailleurs, l'Accord de Paris est fort peu contraignant puisque ce sont les États eux-mêmes qui fixent leurs objectifs et les résolutions prises lors des « Cop » suivantes le sont encore moins. Quant à l'objectif de l'Union européenne, dit de zéro carbone en 2050, il n'est pas sur le point d'être atteint et les efforts colossaux qui nous seraient demandés pour y parvenir quand le reste du monde ne fait rien de comparable seraient non seulement vains mais proprement suicidaires.

— Donc, si le réchauffement climatique dépasse 1,5 degré à la fin du siècle, vous en serez responsable ! déclara d'un ton accusateur Pascaline Roux.

— Nous allons vivre un réchauffement climatique et le plus utile est de s'y préparer si tant est qu'il ait des effets négatifs. Le Giec lui-même, dans son cinquième rapport, estime en effet, sur le plan économique en tout cas, qu'un réchauffement de trois degrés, soit le double de l'objectif de l'Accord de Paris, entraînerait, d'ici à l'an 2100, une diminution dérisoire de la croissance économique mondiale.

Autour du plateau, les journalistes restèrent un moment désarçonnés. Le chef de l'État en profita pour ajouter :

— Je veux donc qu'on en finisse avec cette propagande culpabilisante et incessante pour sauver la planète ainsi qu'avec cette pluie d'oukases en tout genre sans fondement scientifique véritable qui nous sont imposés par la minorité écologiste. Je demande donc à toutes les autorités de notre pays de mettre un terme à la pratique de l'écologie punitive qui multiplie de façon absurde les contraintes sur la vie quotidienne des Français et qui, n'ayant qu'un effet infinitésimal sur la baisse de la production nationale de CO_2, laquelle représente déjà moins de 1 p. cent de la pollution mondiale de CO_2, est donc parfaitement insignifiante et totalement injustifiée.

Thierry Drancourt ne relança pas le président mais appela un expert, un homme grand, aux cheveux blancs et bouclés, qui fut présenté comme un spécialiste de la transition écologique.

L'intéressé fit un rapide exposé de sa théorie selon laquelle la lutte contre le réchauffement climatique ne serait gagnée que le jour où la transition écologique serait accomplie, c'est-à-dire quand les individus auraient complètement changé leur mode de vie, passant du métro à la trottinette, de la voiture au train et des voyages en avion aux randonnées à vélo. Tout cela en consommant des repas, si possible vegans, en tout cas sans viande rouge et en s'équipant bien entendu de la pompe à chaleur pour tiédir l'eau et des panneaux photovoltaïques pour réchauffer la maison. Quant aux objets, beaucoup de réparations et des achats d'occasion uniquement.

— Et vous comptez sur moi pour imposer tout ça aux Français ? demanda railleur Jérôme Bolton, qui ajouta toujours sur le mode ironique :

— Vous avez oublié l'arrêt de toute construction de voies ferrées, d'autoroutes, d'aéroports, de centrales nucléaires ou de bassines et le refus de toute réindustrialisation. Dans les années 1960, les Chinois roulaient tous à vélo, alors que nous avions tous une voiture. Aujourd'hui, ils roulent en voiture et vous voulez nous renvoyer au vélo ! En réalité, pour sauver la planète vous voulez faire reculer notre civilisation, la faire disparaître, renoncer à la science et au progrès, réduire notre empreinte carbone jusqu'à nous effacer nous-mêmes de ce monde tels des fantômes.

L'expert, qui ne s'attendait pas à une réponse aussi directe, fit marche arrière, se contentant de défendre les nouvelles règles de vie de la transition écologique. Bolton relança aussitôt son attaque :

— J'espère qu'à vous écouter, les Français vont enfin comprendre où les écologistes veulent les emmener. J'espère qu'ils sont désormais conscients que, derrière chacune de leurs propositions, plane le spectre mortifère du projet wokiste de déconstruction de notre civilisation. Les belles paroles des écologistes sont trompeuses. Peu importe que le discours sur le réchauffement climatique soit scientifiquement fondé ou non : pour eux, il n'est qu'un discours pour nous engager dans la déconstruction de notre monde.

Après ces déclarations offensives de Bolton, le silence s'abattit un moment sur le plateau. Un silence finalement rompu par Théo Vrapenne qui relança le président sans réelle hostilité :

— A vous écouter depuis le début de cette émission, affirma-t-il, on a l'impression que vous êtes un anti-écologiste forcené. Est-ce vraiment le cas ?

— Je suis très hostile aux écologistes et à leur doctrine écolo-wokiste et c'est contre eux que j'ai voulu mettre en garde les Français ce soir. Mais pour le reste, je suis favorable à une écologie rationnelle et raisonnable comme la pratique le ministre de l'écologie du gouvernement. Une écologie qui améliore la vie des gens, pas une écologie qui détruit leur avenir.

Thierry Drancourt observa son chronomètre, l'émission s'achevait. Il reprit donc la parole pour une courte synthèse, puis, se tournant vers Bolton :

— Monsieur le président, vous avez le dernier mot pour deux minutes !

Considérant que les questions évoquées au cours de l'émission engageaient l'avenir, le chef de l'État déclara vouloir conclure en s'adressant plus spécialement aux jeunes Français.

— Je sais, déclara-t-il en fixant l'œil de la caméra, que certains, parmi les jeunes générations, trop perméables au discours politiquement correct, croient sincèrement que, si l'on ne « sauve » pas la planète, elle pourrait bien disparaître prochainement dans une sorte d'embrasement sidéral. Eh bien, cela est faux et ceux qui l'annoncent mentent grossièrement car c'est leur action qui, loin de sauver la planète, pourrait bien faire disparaître les civilisations qui s'y sont épanouies et tout spécialement la nôtre, la civilisation européenne. Aussi, j'invite les jeunes gens de notre nation à rejeter les sorciers du crépuscule et à faire le choix de la vie et de la création. Ayez confiance dans l'avenir et posez-vous la question de savoir ce que vous allez faire pour laisser à ceux qui vous suivront quelque chose de beau, de vrai, de bien et de grand !

Quand la voiture qui le ramenait tard dans la nuit arriva à l'Élysée, Jérôme Bolton qui avait sommeillé pendant tout le trajet fut informé que le directeur de la DGSI l'attendait dans une salle sécurisée pour une affaire importante. Un peu inquiet, le chef de l'État comprit qu'il allait devoir se replonger dans les affaires d'islamisme.

De fait, le directeur de la sécurité intérieure lui annonça que ses services avaient réussi à décrypter les documents et pièces d'ordinateur trouvés dans la cité des Trois Têtes au domicile du dénommé Bachir Maklouf. Il précisa que ces matériaux avaient fourni une multitude d'informations qui, en quelques jours, avaient permis de faire aboutir les investigations concernant les attentats contre les églises et l'insurrection des banlieues.

— Alors ? demanda le chef de l'État, soudain pleinement réveillé.

— Il apparaît clairement que Maklouf est bien l'homme pivot de toutes ces affaires. C'est lui qui a mis sur pied les équipes kamikazes qui se sont fait exploser dans les églises. C'est lui aussi qui a déclenché les émeutes du printemps dernier en réalisant la mise en scène truquée des gendarmes poussant un jeune depuis un toit.

— Ce n'est pas vraiment nouveau !

— Certes, mais nous disposons maintenant de preuves matérielles. Et, surtout, nous avons une liste de responsables locaux recrutés et commandés par Maklouf, tous des individus d'une certaine envergure, parfois connus, qui ont certainement eux aussi des réseaux locaux sous leur commandement. Il s'agit donc d'une véritable organisation terroriste à l'échelle du pays. Sans doute est-ce d'ailleurs la seule structure nationale ayant pu coordonner un tant soit peu l'insurrection du printemps dernier.

— Une cinquième colonne, quoi ?

— Si on veut, oui, répliqua le directeur de la DGSI, qui reprit d'une voix plus grave :

— Nous les avons tous localisés, sauf Maklouf mais, comme nous craignons qu'ils ne disparaissent dans la nature, j'ai obtenu l'accord du parquet antiterroriste pour les interpeller demain matin à l'aube.

— Très bien, allez-y ! Mais ce Maklouf, il faut l'arrêter aussi !

— Il y a encore autre chose à son sujet. Maklouf semble avoir été en contact avec un djihadiste étranger de haut rang qu'il appelait le cheikh et auprès duquel il semblait prendre ses ordres.

— Avez-vous identifié ce cheikh?

— Pas encore, mais il pourrait appartenir à une organisation islamiste ou aux services secrets d'un État musulman. Nous poursuivons l'enquête en liaison avec la DGSE.

— Trouvez-les ! Je veux savoir qui cherche à nous déstabiliser ainsi !

Chapitre 23

Panique au cénacle

Les amis de Cabois se réunissaient de moins en moins souvent. Il est vrai que rien de ce qu'ils avaient imaginé n'avait produit les effets espérés. Le lancement par Bolton de l'opération de reconquête des cités interdites avait bien déclenché une insurrection comme ils l'avaient prévu mais, contrairement aux calculs de Karamenti, le chef de l'État n'avait pas été balayé par ces événements. Il avait réussi à les maîtriser et en était même sorti plutôt renforcé aussi bien en France qu'à l'étranger.

Dès lors, le cénacle secret qui se targuait d'orienter et de contrôler la vie publique française pour qu'elle ne sorte pas du champ clos de l'idéologie politiquement correcte s'était trouvé depuis de longs mois déjà à court d'idées et d'initiatives. Signe révélateur : Albert Larchant, l'homme de la confrérie, avait cessé de participer assidûment à ces réunions.

En ce mercredi 16 mai 2035, c'est donc sous le signe de la morosité que le petit groupe se retrouva, presque par habitude, dans le salon de l'appartement de Cabois. Pour assombrir encore plus l'atmosphère, Éric Dobias prit la parole en début de réunion pour annoncer qu'il quittait leur cénacle :

— Je ne sais pas ce qu'il va advenir de tout cela mais je regrette de m'être engagé à vos côtés ou, plus exactement, je m'en veux de ne pas vous avoir quittés plus tôt car, en tant que chef d'entreprise, je suis satisfait des réformes accomplies par Bolton.

Dobias faisait référence au projet Nouvel Élan et à ses neuf lois qui, toutes, avaient alors été mises en application et commençaient à produire leurs premiers résultats. La simplification des structures administratives de l'État, la grande réforme des collectivités locales, les économies réalisées au titre des subventions ainsi que la baisse des dépenses sociales résultant de l'application de la préférence nationale et de la priorité donnée au travail, avaient provoqué une baisse brutale et importante des dépenses publiques. Laquelle avait permis de réaliser en 2034 et 2035 deux baisses significatives de charges et d'impôts sur les entreprises. Des baisses de prélèvements obligatoires dont Dobias rappela qu'elles avaient permis à l'économie française de retrouver la croissance dès le début de l'année 2034 et, dans la foulée, de regagner la confiance des milieux financiers. La France était, selon Dobias, entrée à nouveau dans un cercle vertueux.

— Vous voulez rire, lança Karamenti. Si j'ajoute les désordres provoqués par les lois sur l'immigration aux grèves, aux manifestations et aux blocages des services publics engendrés par le projet Nouvel Élan, on peut dire que la France a été paralysée pendant toute l'année 2033. Ce qui a conduit notre pays à produire moins de richesses cette année-là et donc à connaître, par la faute de Bolton, une baisse de son PIB.

— Il est vrai, rétorqua Dobias, que le président a rencontré une forte opposition sous forme de manifestations de rue parfois violentes et de grèves dans les services publics souvent illégales. Mais lui n'a jamais reculé devant ses adversaires et, dès leur promulgation, ses lois ont été mises en application avec détermination. Or, à chaque fois il ne s'agissait pas de mesurettes mais de vastes projets visant au redressement du pays, si bien que, les troubles terminés, les Français ont pu jouir assez rapidement des effets positifs qui en résultaient.

Un silence désapprobateur suivit les propos presque partisans d'Éric Dobias. Celui-ci, au lieu de conserver le ton modéré en usage dans le cénacle, donnait en effet l'impression de chercher à forcer l'approbation de ses interlocuteurs.

— En tout cas, déclara Karamenti qui ne cachait plus son exaspération, sa sixième loi concernant l'école est une catastrophe. Elle va totalement à l'encontre de nos valeurs, et ça, vous ne pouvez pas le nier.

— Je suis désolé, répliqua Dobias, mais la suppression du collège unique, l'instauration de classes de niveau, la valorisation du travail manuel et le développement de l'apprentissage répondent aux besoins de nos entreprises qui peinent à trouver des jeunes qualifiés et motivés.

— La réforme du système éducatif va cependant beaucoup plus loin que ça, déclara Smarda. Elle rétablit la notation et les classements, élève le niveau requis pour obtenir le baccalauréat et instaure la sélection des étudiants à l'entrée des universités. Pis encore, les programmes ont été profondément modifiés et véhiculent ouvertement l'idéologie du pouvoir.

De fait, les programmes comme les méthodes pédagogiques visaient désormais à transmettre aux élèves du primaire les trois savoirs élémentaires : lire, écrire et compter, auxquels avait été ajouté l'enseignement des valeurs traditionnelles de vie en société dans la civilisation européenne. Une matière nouvelle qui avait pour but de donner aux élèves le minimum d'éducation que beaucoup de parents ne transmettaient plus à leurs enfants. Il s'agissait notamment des règles à suivre dans les relations avec l'autorité, des qualités à cultiver dans l'exercice d'un travail, des comportements à adopter en famille, des règles de politesse, des lois de la camaraderie ainsi que des droits et des devoirs que crée l'appartenance à la nation. Dans le secondaire, l'accent était mis sur le français et les mathématiques. Quant à l'histoire et la géographie, elles étaient dorénavant focalisées sur la notion d'identité, privilégiant ainsi la France et l'Europe.

S'ajoutait à cela le rétablissement de l'autorité des maîtres et des professeurs qui devaient pouvoir compter sur le soutien de leur hiérarchie et sur l'effet pédagogique d'une chaîne de sanctions allant de la retenue jusqu'à l'expulsion définitive.

— C'est vrai, tout n'est sans doute pas positif, reconnut Dobias. Mais vu du point de vue d'un chef d'entreprise, je ne peux qu'être séduit. Bolton a fait bouger les choses et dans le bon sens !

— Mais enfin, Dobias, vous ne vous rendez pas compte à quel point tout ça est rétrograde ? lança très agacé aussi Bertrand Rastoin.

S'agissant de l'école, la ringardise était en effet, avec le caractère discriminatoire de la réforme, la critique récurrente qui était adressée à Chloé Massoli, la ministre de l'Éducation nationale. Laquelle avait dû affronter une très forte opposition des associations de parents et surtout des syndicats d'enseignants qui avaient même pendant un temps refusé d'enseigner les nouveaux programmes. Mais, là encore, le gouvernement n'avait pas reculé et la ministre répondait inlassablement à ses détracteurs : « Vos méthodes ont eu des résultats catastrophiques ! Vous êtes mal placés pour refuser les nôtres. »

Smarda posa encore une question comme s'il voulait se faire une opinion définitive :

— Et sur la dernière lubie de Bolton de confiner l'islam, ne me dites pas que vous trouvez ça bien. Demain, il ne voudra plus les confiner mais les interner !

Dobias savait que le gouvernement venait de mettre en application le dernier volet de l'opération de confinement en annonçant, peu après la fin de l'insurrection, que le port du voile dans l'espace public serait désormais interdit. Aussi se référa-t-il au constat que chacun pouvait faire en sortant dans la rue :

— Écoutez, lança-t-il à Smarda, la consigne concernant le voile est apparemment bien observée. On ne voit presque plus de femmes voilées et je considère que c'est mieux ainsi. Pas vous ?

Et d'ajouter :

— Si Bolton réussit ça aussi, c'est qu'il est vraiment très fort !

— Oui, je le reconnais, répondit Rastoin, Bolton s'est révélé être un bien meilleur politique que je ne l'imaginais. Mais, cher Éric, vous ne devez pas vous laisser impressionner par lui au point d'oublier tout ce que nous incarnons, c'est-à-dire les droits de l'homme, les valeurs de la République, l'état de droit, les vertus de la mondialisation, la non-discrimination, l'égalité des hommes et des femmes, la nécessité du vivre ensemble, la lutte contre le racisme et le nationalisme, notre attachement à l'idée européenne, notre vision géopolitique de l'atlantisme, notre engagement dans l'Otan, notre amitié avec les États-Unis. Sans parler de l'idéal d'un gouvernement mondial apportant la paix et la prospérité perpétuelle.

— Je vais vous choquer, répondit Dobias, mais je ne crois plus à toutes ces formules qui sonnent creux. Moi, je suis un pragmatique, vous le savez, et je préfère les réalités que construit Bolton aux chimères que nous poursuivons ici.

Un silence consterné suivit ses propos. Chacun savait que Dobias avait sur Bolton et sa politique une position moins catégorique que celle des autres membres du cénacle, mais personne n'avait imaginé qu'il eût été, en quelque sorte, retourné à ce point.

— D'une certaine façon, je vous comprends, reprit Cabois comme pour tenter une dernière opération de repêchage. Moi aussi, je suis chef d'entreprise et je peux concevoir qu'on juge positive la politique économique et sociale du gouvernement. Si l'on appartient à la classe moyenne, laquelle a été privilégiée et réhabilitée, on peut même croire qu'il a redonné comme un élan à notre pays. Mais nous avons une vison plus large qui...

Cabois n'alla pas plus loin dans sa démonstration car son maître d'hôtel venait d'entrer dans le salon pour lui remettre un message dont la lecture sembla le bouleverser. Dès que son majordome eut quitté le salon, il se leva, livide.

— Messieurs, lança-t-il, la voix tendue, j'apprends une nouvelle très inquiétante : Vincent Speedom a été arrêté par les autorités françaises. L'information vient d'être rendue publique mais nous ne savons pas exactement quand il a été interpellé. En plus, nous ne savons rien de ce qu'il a dit aux enquêteurs qui l'ont interrogé.

— Mais que voulez-vous qu'il dise, lança avec agressivité Jacques Karamenti, nous avons refusé de cautionner son projet d'attentat, nous avons même refusé de l'entendre en parler explicitement. Nous ne pouvons en aucun cas être impliqués dans cette opération que nous avions rejetée car moralement inappropriée et politiquement dangereuse.

— Ce que vous dites est exact, lança Smarda. Mais ce n'est pas comme ça que les choses vont apparaître. Pour ma part, je pense que l'identification comme la capture de Speedom sont le résultat d'une opération des services secrets ordonnée par les plus hautes autorités de l'État. Dès lors, vous pouvez être certains que les services se sont donné le temps et les moyens de tout connaître de ses contacts en France comme aux États-Unis et vous imaginez comment nos réunions pourront être présentées à l'opinion par le pouvoir.

— Bolton n'osera quand même pas faire ça, déclara Rastoin. Ce n'est tout bonnement pas possible vu ce que nous représentons dans la société française.

Un long silence suivit cette observation, finalement interrompu par le maître d'hôtel de Cabois qui entra de nouveau dans le salon et vint murmurer quelques mots à l'oreille de son maître. Celui-ci pâlit, se leva et sortit de la pièce. Il revint très vite, le visage défait, pour déclarer à ses convives :

— Je viens de recevoir par huissier de justice une convocation du juge en charge de l'affaire Speedom pour être entendu en qualité de témoin assisté dès demain en début d'après-midi. Je pense qu'une convocation du même type va vous être adressée également.

Après cette annonce, la cohésion du groupe fit place à la confusion et la réunion sombra dans le désordre. Karamenti reprit la parole pour répéter, presque en criant, qu'il n'avait rien à voir avec ce Speedom et son complot. Rastoin se leva pour appeler son avocat depuis un recoin du salon. Dobias consultait presque frénétiquement les mails qu'il avait reçus sur son téléphone portable. Seul, Smarda resta calmement assis dans son fauteuil, visiblement conscient de la gravité de la situation et du caractère inéluctable des événements qui allaient suivre.

En effet, le lendemain matin, dans les journaux, comme sur les chaînes d'info continue, les amis de Cabois, pourtant jusqu'alors fort honorablement connus, furent tous désignés comme les complices de l'assassin de Prague. Des reportages plus fouillés évoquèrent les réunions régulières qu'ils avaient tenues avec Speedom. Réunions au cours desquelles le complot avait été mis au point. Leurs photos, leurs noms et leurs fonctions furent livrés au grand public sans la moindre retenue.

Quelques jours plus tard, comme par une malice du calendrier, on apprit l'arrestation de Bachir Maklouf, l'homme qui avait organisé les attentats contre les églises de Paris, Lyon et Bordeaux. Il avait été interpellé in extremis à l'aéroport de Bruxelles alors qu'il embarquait dans un avion à destination du golfe Persique. Lors de cette opération de police, personne ne prêta attention à un autre passager habillé en homme d'affaires que les policiers français soupçonnèrent plus tard d'être le mystérieux personnage que Maklouf appelait le cheikh. Mais si le cheikh ne fut jamais identifié ni arrêté, toute une équipe de personnalités islamiques bien implantées localement en France, constituant ce qu'on appellera la cinquième colonne, purent être interpellées lors d'une très importante opération de police réalisée en même temps partout en France.

Le procès des assassins de la « cinquième colonne » et celui des assassins de Prague furent prévus pour se tenir successivement en décembre 2036 puis en janvier 2037.

Chapitre 24

Rhapsodie viennoise

Il était 2 h 15 du matin en ce 5 juin 2036 et Jérôme Bolton, installé dans le salon de l'appartement qui lui avait été réservé à la résidence de l'ambassadeur de France auprès de la République autrichienne, ne parvenait pas à trouver le sommeil. Dans la chambre attenante, son épouse dormait profondément. Le président venait de relire pour la troisième fois le discours qu'il devait prononcer le lendemain, lors de la cérémonie de signature du traité de Vienne, le traité de refondation de l'Union européenne pour lequel il se battait depuis plus de trois ans. Allongé sur un canapé, il reposa les feuillets de son discours et repensa à la chaîne des événements qui lui avait permis d'obtenir ce grand succès.

Il avait d'abord fallu faire connaître aux Européens et à leurs dirigeants ce que proposait la France pour rénover l'Union. Cette démarche, menée pendant plusieurs mois par le président, ses ministres et tout l'appareil diplomatique français avait fini par produire ses effets. Elle avait ainsi conduit à la création du pacte de Prague, une coalition d'États désireux de refonder l'Union et dont la force de contestation n'avait cessé de s'amplifier.

Dans le même temps, la France avait défié les institutions européennes en refusant d'observer les règles bruxelloises qui entravaient ses projets. Elle ne l'avait pas fait cependant avec l'idée de sortir de l'Union ni de la détruire mais avec le projet de la refonder, ce qui donnait une forme de légitimité à sa dissidence.

Subissant à la fois cette révolte française et la contestation des pays du pacte de Prague, l'Union s'était donc retrouvée en crise et progressivement divisée en deux camps : les tenants d'une Europe puissance dont Jérôme Bolton était le leader et les partisans d'une Europe mondialiste, ouverte à l'immigration et alignée sur les États-Unis dont la porte-parole était Anna Bramhook, la présidente de la Commission, soutenue par les Allemands et leur chancelier Kurt Klausmeister. Pendant de nombreux mois, le rapport de force entre les deux blocs ne bougea pas, prenant bien souvent la forme d'un affrontement entre la France et l'Allemagne. Une France qui apparaissait comme dissidente et extrémiste face à une Allemagne sérieuse et pondérée. Mais, à partir de l'année 2034, la situation évolua en faveur de la France.

D'abord, Bolton devint crédible. Il avait en effet réussi à conduire l'économie française sur la voie du redressement grâce à un plan audacieux voté et mis en œuvre contre les minorités activistes qui dominaient naguère son pays. Ce tour de force avait beaucoup impressionné les officiels allemands qui n'avaient eu jusqu'alors que mépris pour la piètre efficacité des dirigeants français. Mais ce qui avait surtout enflammé l'opinion publique de nombreux États européens, c'était la réussite de la politique française d'arrêt total de l'immigration, laquelle était passée en deux ans de plus de sept cent mille entrées à moins de quarante mille.

Face à ce succès indéniable, beaucoup de gouvernements européens se trouvèrent dès lors soumis à une forte pression populaire pour que leur pays imite la France. Aussi, le nombre de pays adhérents au pacte de Prague augmenta-t-il sensiblement. Par ailleurs, les interventions de plus en plus fréquentes de ce dernier sur les institutions bruxelloises eurent pour effet de réduire les points de désaccord et de les focaliser sur la question centrale des États-Unis. Fallait-il se libérer de la tutelle américaine comme le préconisait Jérôme Bolton et sortir de l'Otan ou rester les vassaux des Américains et suivre tous leurs choix stratégiques comme le voulaient encore l'Allemagne, les pays Baltes et la Pologne notamment ? Or, deux événements majeurs vinrent modifier le jugement des citoyens européens et de leurs dirigeants sur cette question.

La volonté impérieuse des Américains de faire adhérer l'Ukraine à l'Union européenne alors que celle-ci n'était nullement en état de satisfaire aux critères requis pour en faire partie avait agacé beaucoup d'États membres. Une irritation qui avait été confortée par le refus du gouvernement ukrainien de répondre positivement à l'offre russe de négocier un traité de paix. Cette situation avait conduit de nombreux États membres à estimer que l'obstination américaine était préjudiciable à l'Ukraine comme à l'Union européenne et que la position française d'indépendance à l'égard des États-Unis méritait d'être étudiée.

Cependant, c'est à la suite de l'attentat de Prague contre Jérôme Bolton que la défiance à l'égard des États-Unis prit toute son ampleur. Car la piste évoquée sur les réseaux sociaux, celle d'une opération menée par la CIA sur ordre du président des États-Unis, s'avéra beaucoup moins farfelue qu'on avait pu le penser à l'origine. Les tenants de cette version, qualifiés de complotistes, prétendaient que les dirigeants américains, furieux des initiatives de la France sur la question ukrainienne comme sur la rénovation de l'Union européenne, auraient décidé de se débarrasser du président français qui menaçait leur stratégie en Europe. Une stratégie, mise en œuvre depuis un demi-siècle pour contrôler le vieux continent, qui consistait à séparer l'Europe occidentale de la Russie et à placer les États européens sous leur leadership grâce à l'Union européenne et à l'Otan.

Jérôme Bolton avait obtenu la confirmation de cette hypothèse par les services secrets français sans disposer cependant d'éléments probants pour en faire état. Ce n'est qu'après l'arrestation de Vincent Speedom par les autorités françaises que tout avait pu être révélé au public. Le fait que le président Weston ait laissé l'un de ses alliés être la cible d'une tentative d'assassinat sans le prévenir ni empêcher le complot choqua profondément l'opinion européenne. Le sentiment anti-américain s'accrut encore lorsque la presse américaine révéla que Speedom et Weston se connaissaient très bien et que l'idée de l'assassinat serait même venue du président lui-même. Le scandale fut énorme en Europe comme aux États-Unis.

Quelques jours plus tard, lors du Conseil européen consacré à cette affaire, l'Italie, dont la Première ministre était proche de Bolton, suggéra que pour répondre à l'agression américaine contre le président de la République française, les pays membres de l'Union se retirent de l'Otan. Elle affirma qu'il était temps de toute façon que l'Europe se dote d'une puissance militaire autonome comparable à celle des autres grands pôles de la planète. Pour ce faire elle ne proposait pas de créer une armée européenne intégrée, mais une alliance militaire, sorte d'Otan européenne avec un armement et un équipement commun de fabrication exclusivement européenne. La proposition de l'Italie, loin d'être rejetée, donna lieu à un débat public animé dont la conclusion fut renvoyée à un futur conseil européen consacré à l'avenir de l'Union.

Or, durant la période qui précéda ce conseil, beaucoup d'États européens très pro-américains commencèrent à s'inquiéter des conséquences délétères qu'avait eu l'attentat de Prague sur la politique américaine. Très vite, en effet, après la publication des articles de presse révélant son amitié ancienne avec Speedom, le président Weston reconnut devant un Grand Jury avoir parlé de ce meurtre avec son ami. Peu de temps après, pour éviter d'être destitué, il démissionnait de son poste de président, désavoué par une écrasante majorité d'Américains qui vécurent l'affaire Speedom comme une honte nationale. Un puissant courant isolationniste se développa alors qui conduisit beaucoup d'Américains à vouloir en finir avec la politique de leadership de leur pays et à réclamer son repli diplomatique et militaire sur le continent nord-américain. Un courant si fort que l'État profond décida de lâcher prise en Europe pour se consacrer à l'Asie. C'est ainsi que le vice-président Colson, devenu président des États-Unis, effectua un déplacement sur le vieux continent pour demander à chaque pays européen de verser aux États-Unis une lourde contribution pour le financement de l'Otan, faute de quoi il serait contraint de la mettre en sommeil.

De nombreux États membres pro-américains se tournèrent alors vers l'Allemagne qui avait toujours plaidé pour des positions atlantistes. Mais le chancelier allemand, constatant que la sécurité des pays européens n'était plus garantie comme autrefois par les États-Unis, décida-t-il de se rapprocher de la France et de son président, entrainant avec lui la plupart des pays qui ne s'étaient pas encore ralliés au pacte de Prague. Ce rapprochement permit au Conseil européen consacré à l'avenir de l'Union de décider en conséquence de la sortie des États membres de l'Otan, de la création d'une Alliance militaire européenne autonome et, dans la foulée, de l'ouverture de négociations pour la rédaction d'un nouveau traité.

— Tu as mal dormi, Jérôme ?

Entendant la voix de son épouse, Bolton ouvrit les yeux, reprenant brutalement conscience de la réalité du moment.

— Quelle heure est-il ? Je suis en retard, non ?

— Tout va bien, le petit déjeuner est servi et nous partons pour la Hofburg à dix heures précises.

La matinée devait être consacrée à la cérémonie de signature du traité. Elle se tenait dans la grande salle d'apparat de la Hofburg, le palais des empereurs d'Autriche où Jérôme Bolton et son ministre des Affaires étrangères Hubert Donnebois qui l'accompagnait retrouvèrent leurs homologues des vingt-six autres nations. Derrière eux, avaient pris place quelques invités triés sur le volet dont Élisabeth Bolton et Lucas Faral. Plus en arrière encore, un grand espace avait été aménagé où s'entassaient les médias venus du monde entier. À l'heure dite, Derrick Andersen, le chef du gouvernement danois, qui assurait la présidence du sommet pour cette journée historique, vint prononcer un discours d'ouverture. Puis il appela les uns après les autres les chefs d'État et de gouvernement des vingt-sept nations de l'Union qui apposèrent tour à tour leur signature sur l'exemplaire original du traité. Lorsque le document fut déclaré signé, la *Neuvième symphonie* de Beethoven retentit dans le Palais pendant quelques minutes. Puis chacun se leva, les officiels se dirigèrent vers une vaste salle richement décorée où un repas somptueux leur fut servi.

Lucas Faral profita de cette pause pour déjeuner de façon plus frugale avec Laurence Delgoin, journaliste à l'hebdomadaire *Identité*. Très active, le sourire facile, Laurence, une amie des Lambrosi, était agrégée de lettres et cultivait sans fausses notes le style « bon chic bon genre » qui avait alors presque disparu. Présente à Vienne pour réaliser un dossier sur la stratégie européenne du président de la République et apprenant que Lucas Faral était en ville, elle avait réussi à obtenir ce rendez-vous.

— Pouvons-nous parler d'abord du traité lui-même ? commença-t-elle.

— Eh bien, répondit Faral, ce traité ne comporte plus rien de supranational. Il fait de l'Union une confédération à laquelle les États délèguent certaines de leurs compétences et sur laquelle ils exercent ensemble leur autorité.

— Mais, concrètement, ça veut dire quoi ?

— Les trois piliers de l'Europe d'hier qu'étaient le Conseil, la Commission et le Parlement sont remplacés par le Sénat des nations composé des vingt-sept États membres. Un Sénat où siègent les chefs d'État et de gouvernement ou leurs représentants et qui devient l'exécutif et le législatif de la Confédération, bref la seule instance à pouvoir prendre des décisions.

— J'ai vu qu'il y avait aussi un Comité directeur constitué des cinq pays les plus peuplés.

— Oui, ce comité doit assurer la gestion courante de la Confédération et donner de la cohésion et de l'allant au Sénat. En plus, mais je vous dis ça « off », dans ce comité la France avec l'Espagne et l'Italie pèse plus que l'Allemagne et la Pologne, ce qui devrait limiter l'influence allemande au sein de l'Union.

— Je croyais que les relations franco-allemandes étaient au beau fixe ? fit-elle remarquer.

— C'est vrai, mais Klausmeister ne sera pas toujours chancelier. Et Bolton pas toujours président !

— Et sur les compétences de la nouvelle Union, il y a aussi de grandes différences, je crois ?

— Absolument, toutes les compétences qui avaient été confisquées par l'Europe de Bruxelles pour y intervenir dans les domaines de la vie quotidienne des États, leur sont restituées.

— C'est-à-dire ?

— C'est considérable, il s'agit par exemple de la santé, de la culture, du tourisme, de l'éducation, de la formation professionnelle, de la jeunesse, du sport, de l'environnement, de la protection des consommateurs, des transports, de l'énergie, de la recherche, de la coopération au développement, de l'aide humanitaire, de l'industrie, de la protection civile et de bien d'autres domaines encore.

— Mais que reste-t-il alors pour la Confédération ?

— La Confédération n'est en charge que des grandes questions qui conditionnent la puissance de l'Europe : la défense pour doter l'Europe d'une alliance militaire forte et indépendante, les échanges commerciaux pour créer des écluses douanières aux frontières extérieures de l'Union et mettre fin au libre-échangisme mondial, la régulation du grand marché intérieur avec l'objectif de dynamiser la croissance économique et de réindustrialiser le vieux continent et la tutelle de la Banque centrale européenne avec l'objectif de servir la puissance économique de l'Union.

— Et rien sur l'immigration ?

— Si, car à cette liste s'ajoutent les domaines où la compétence est partagée entre l'Union et les nations. Ainsi en est-il de l'immigration pour laquelle est fixé à l'Union l'objectif d'arrêter totalement les flux migratoires.

Faral ajouta que le nouveau traité définissait aussi les frontières ultimes de l'Union alors que les anciens textes laissaient la porte ouverte à n'importe quel pays non européen comme la Turquie. Il rappela qu'au nord, à l'ouest et au sud, les frontières ce sont la mer du Nord, l'Atlantique et la Méditerranée, qu'à l'est, les Balkans font partie de la Confédération avec une clause suspensive pour l'Albanie, le Kossovo et la Bosnie, la Turquie étant exclue. Plus au nord, la Moldavie, l'Ukraine et la Biélorussie restant à l'extérieur par égard pour la Russie.

Après son entretien avec Laurence Delgoin qui dura encore un moment, Faral retourna à la Hofburg pour entendre les chefs d'État et de gouvernement s'exprimer devant un public élargi et devant les caméras des chaînes d'info qui retransmettaient leurs discours en direct.

Celui du président de la République française fut particulièrement remarqué, car ce dernier s'exprima tout naturellement avec l'autorité que confère le poids d'une grande puissance :

— Avec la nouvelle Europe que fait naître ce traité de Vienne, notre continent s'inscrit d'emblée dans le monde de demain. Un monde qui ne sera plus régi par une grande puissance hégémonique qui prétendait imposer à tous son système politique, son credo économique et ses propres valeurs. L'Europe, poursuivit-il, s'est dégagée de la tutelle américaine. L'Europe n'est pas l'Occident. Au moment où le monde devient multipolaire, l'Europe du traité de Vienne entend prendre toute sa place comme l'un des pôles de la nouvelle scène internationale, au côté de la Chine, des États-Unis, de l'Inde, du Japon, de la Russie, du monde musulman, de l'Afrique noire et de l'Amérique du Sud.

Le chef de l'État français indiqua que l'Europe nouvelle aurait à cœur d'apporter sa pierre à l'édification collective de ce monde multipolaire en train de naître. Il parla du droit des peuples à conserver leur identité et à disposer d'eux-mêmes. Il évoqua aussi la nécessité de réguler les échanges entre les grands pôles de la planète. Que ce soit, pour les trafics commerciaux, par des écluses douanières ou, pour les flux migratoires, par des autorisations à obtenir des pays d'arrivée comme des pays de départ. Il évoqua aussi l'idée de créer un G9 regroupant les neufs grands pôles de puissance du monde, se demandant si une telle instance, même informelle, qui représenterait la presque totalité de la population mondiale ne serait pas le lieu le plus pertinent où débattre des vrais problèmes du monde.

Les médias du monde entier couvrirent l'événement à la hauteur de ce qu'il était. Le *Singapore Time* titra même : « Traité de Vienne : est-ce le réveil de l'Europe ? »

Chapitre 25

Les dés sont jetés

En 2037, le repas annuel des Lambrosi fut avancé d'un mois pour éviter qu'il ne se tînt le jour de l'élection présidentielle comme cela avait été le cas en 2032. Puis, devant le nombre important de réponses positives, le dîner assis fut remplacé par un buffet debout. Aussi, en ce samedi 14 mars 2037, le vaste salon de la maison de Marc et Clara Lambrosi résonnait-il des conversations animées et enjouées de leurs amis.

Sans doute, cette envie de se retrouver ensemble était-elle liée à l'actualité politique qui n'avait jamais été aussi riche et mouvementée que depuis l'arrivée de Bolton à l'Élysée. Dans les « années d'avant Bolton » — comme on désignait désormais la période précédant 2032 —, jamais le président en place ne prenait la moindre initiative d'envergure et l'actualité politique n'était faite que de petites phrases ou d'opérations de communication. Depuis la victoire de Peuple souverain en revanche, les actions spectaculaires s'étaient multipliées, rythmant la vie publique et redonnant le goût de la politique aux Français. Ceux-ci se livraient de nouveau à des discussions animées dans lesquelles chacun se sentait pleinement concerné et, bien entendu, la question majeure était alors de savoir si Jérôme Bolton, qui avait annoncé le matin même sa candidature pour un second mandat, serait réélu.

— Personnellement, je ne le souhaite pas, déclara Isabelle Bouali, qui avait poursuivi avec succès sa carrière de chargée de communication tout en terminant sa vie conjugale par un divorce. Pour moi, le gentil Bolton que j'avais connu au Centre en marche, le Bolton discret et bien comme il faut est devenu, même s'il n'en a pas l'air, une sorte de dictateur. Il est tout-puissant, il fait ce qu'il veut et il écrase toute opposition.

— Tu exagères beaucoup, non ? lança Arnaud Delcroix, qui venait d'être promu colonel de gendarmerie. Mais, d'une certaine manière, ce que tu dis n'est pas faux. Avec Jérôme Bolton, nous avons un président qui a retrouvé du pouvoir. Et donc « il fait ce qu'il veut » puisqu'il s'est libéré de la contrainte de l'état de droit qui paralysait ses prédécesseurs. Au demeurant, il ne fait pas ce qu'il veut, il applique le programme pour lequel il a été élu et heureusement qu'il « écrase l'opposition » sinon il serait incapable d'agir pour le pays et, comme ses prédécesseurs, il ne servirait à rien.

— Peut-être, mais il me fait peur.

— Ah, il est vrai qu'il y a entre les politiques qui ont du pouvoir et ceux qui n'en ont pas la même différence qu'entre des soldats qui tirent à blanc et ceux qui tirent à balles réelles.

Peu convaincue, Isabelle Bouali retourna vers le buffet. Le professeur Malnar, qui avait assisté à l'échange, lança :

— Ce que nous venons d'entendre est à mon avis le seul phénomène qui pourrait empêcher Bolton d'être réélu. Notre peuple a été tellement travaillé par l'idéologie politiquement correcte qu'il peut en effet, par affaiblissement mental, ou par lassitude collective, refuser de vivre un nouveau mandat boltonien. Car le président a fait rentrer la France dans l'Histoire et l'Histoire, c'est bien connu, est tragique. Or, les partis du Système ont pendant des décennies protégé nos compatriotes des affres de la réalité, avec l'aide de leur idéologie du politiquement correct jouant le rôle de cocon protecteur, oppressant certes, mais peut-être aussi rassurant. C'est pourquoi je ne suis pas sûr qu'aujourd'hui les Français soient prêts à suivre le président une deuxième fois sur cette voie de la vérité et du combat.

— S'ils ne lui accordent pas un second mandat, lança Christian Gaubert, qui était toujours conseiller du ministre de l'Intérieur, ce sera la catastrophe, car le bilan de Bolton est certes remarquable quand on sait où en était notre pays il y a cinq ans, mais, si l'on observe la situation qui est la nôtre aujourd'hui, elle est bien fragile, car rien n'est achevé et de graves difficultés nous attendent.

— Je te trouve bien négatif, observa Laurence Delcoing, professeur de lettres devenue journaliste à *Identité* l'un des nouveaux médias proches de Bolton créés lors du démantèlement du groupe Smarda.

— Non, je suis réaliste. Prends par exemple ses réussites vécues par les Français comme les plus spectaculaires. Il a, c'est vrai, stoppé l'arrivée de nouveaux immigrés, mais ceux qui étaient présents sur notre sol avant qu'il ne ferme les portes sont toujours là, pour beaucoup non assimilés et même non intégrés. L'islam, qui est en expansion partout dans le monde, ne va pas rester confiné chez nous sans rien tenter. La relégation qui a si bien fonctionné pour rétablir la sécurité, que va-t-elle devenir maintenant que les centres sont tous pleins ?

— Arrêtez ! N'en jetez plus ! lança Laurence Delcoing.

— Non, je suis loin d'avoir fini, répliqua Gaubert en souriant. Avec l'Europe c'est encore pire. Le nouveau traité n'a pas encore été ratifié par certains pays, dont l'Allemagne, et, même s'il entre en application rapidement, il restera tout à faire. Il faudra bloquer les frontières de l'Europe pour stopper l'immigration à l'échelle du continent, gérer la sortie de l'Otan avec les Américains et surtout faire que cette alliance militaire européenne, cette Otan européenne comme on l'appelle, devienne une réalité sur le terrain. Il y a aussi les autres projets comme l'établissement des écluses douanières aux frontières de l'Union. C'est prévu dans le traité de Vienne, mais il faudra faire changer en conséquence les règles de l'OMC et faire accepter la chose par les Chinois et les Américains. Bolton est loin d'avoir fini le travail. Si ce n'est pas lui qui est élu, je n'ose même pas imaginer ce que ça donnera.

— Je partage totalement ton avis. Bolton n'a pas eu le temps de terminer ce qu'il a entrepris, déclara Laurent Valmont, l'avocat devenu député de Peuple souverain.

Mais il va être élu et il va achever son œuvre. Je lui fais confiance. Moi qui étais dégoûté de la politique, je dois dire qu'il m'a réconcilié avec l'action publique.

— Il est vrai qu'il maîtrise parfaitement l'art de la politique, fit remarquer Malnar. Il ne se laisse pas dominer par la prétendue complexité des situations, il tranche et suit une voie claire et droite comme s'il appliquait la célèbre formule selon laquelle « les grandes politiques sont des idées simples appliquées aux grandes choses. »

— C'est vrai, déclara Gaubert et, fort de ses convictions, il ne se laisse pas divertir ou décourager par les oppositions qu'il rencontre et les pressions qu'il subit. Il laisse crier ses adversaires sur les bas-côtés de la route. Sans s'arrêter.

— Et surtout il sait que la politique c'est l'exercice du pouvoir, souligna Valmont, et qu'on ne peut donc rien faire sans vrai pouvoir. Il a été le seul à comprendre que la France était en train de dépérir du fait de l'impuissance de ses dirigeants. Une impuissance générée par l'état de droit auquel il s'est attaqué en priorité.

— Oui, mais combien de critiques n'a-t-il pas subies de la part des juristes qui lui donnaient des leçons de droit à tout propos ! observa Malnar.

— C'est vrai et, sur les points techniques qu'ils soulevaient, ils avaient souvent raison, répliqua Valmont. Mais ce qu'ils n'ont jamais compris c'est que Bolton faisait de la politique et non du droit.

L'avocat souligna à ce propos que Bolton avait aussi mis en application de façon systématique la célèbre formule : « Politique d'abord. »

— Ses constructions juridiques qui ont choqué les juristes purs et durs, et qui étaient sans doute un peu limites juridiquement parlant étaient précisément de nature politique et à ce titre elles lui ont permis de faire prévaloir le bien commun sur la règle de droit.

Au même moment, à quelques dizaines de kilomètres de là, le chef de l'État était dans sa voiture en route pour sa résidence familiale de Nanteuil-sur-Avre. Il avait présenté officiellement sa candidature à l'élection présidentielle plus tôt dans la matinée par une courte déclaration solennelle sous l'Arc de triomphe, devant la tombe du Soldat inconnu. Il s'agissait là d'un non-événement car chaque Français savait depuis longtemps qu'il se présenterait à sa propre succession. Sa campagne électorale devant commencer deux jours plus tard, il avait voulu se retirer chez lui avant de s'engager dans la bataille.

Jérôme Bolton n'avait jamais tergiversé quant à la nécessité d'effectuer un deuxième mandat. Il savait trop bien que son entreprise de redressement national était loin d'être achevée d'autant qu'il n'avait finalement pu agir que pendant quatre années seulement. Or, pour accomplir ce qu'il avait entrepris, il estimait qu'il lui fallait disposer de dix ans environ. Il voulait en effet apporter aux Français des réponses définitives à chacun des grands dossiers qu'il avait pris à bras-le-corps.

Sur les questions économiques et sociales comme sur les questions européennes, il était relativement serein car il pensait qu'en poursuivant pendant encore cinq ans les politiques lancées durant le premier quinquennat, il obtiendrait des résultats probants, même s'il savait que rien n'était jamais acquis et que l'apurement de la dette publique notamment prendrait encore beaucoup de temps.

En revanche, la question de l'immigration le préoccupait tout particulièrement car, derrière l'immigration, il y avait l'islam et derrière l'islam, une autre civilisation souvent agressive et hostile qui se développait sur le sol français. Alors, certes, il avait assaini la situation en arrêtant le flux des migrants, en expulsant les clandestins, en confinant l'islam et en reprenant le contrôle des cités. Certes, il avait imaginé pour les cinq années à venir un programme d'envergure pour conforter la situation et engager un mouvement de rémigration. Mais, pour être efficace, cette action devait l'emporter par sa puissance sur la démographie des populations concernées. Une course contre la montre serait alors engagée dont rien actuellement ne permettait de savoir si elle serait victorieuse.

Pour la sécurité des Français, les résultats étaient redevenus très satisfaisants. L'insurrection qui avait fait craindre un moment que la France ne sombrât dans le chaos, avait permis au contraire de reprendre plus rapidement le contrôle de toutes les anciennes cités interdites et l'intervention énergique de l'armée avait indéniablement renforcé l'autorité de l'État. Mais le président savait que sur cette question aussi, rien n'était encore durablement acquis. Il était notamment conscient de ne pas avoir vraiment résolu le problème lancinant de la drogue qui détruisait la santé des Français tout en les menaçant d'un retour du désordre et de l'insécurité.

Il restait également très préoccupé par l'état de toute la filière scolaire et universitaire qui ne réussissait que très lentement à remonter le niveau général des élèves et des étudiants. Des difficultés qui étaient aussi liées à la crise des valeurs qui continuait de miner le pays malgré tous les efforts que le gouvernement et lui-même déployaient dans ce domaine depuis quatre ans.

Le chef de l'État était néanmoins serein quant à l'issue du vote « car, se disait-il, si les Français me refusent leur confiance dans les circonstances présentes, c'est que tout est perdu et qu'on ne peut plus rien tenter pour empêcher la déliquescence du pays. Or, je ne crois pas qu'on en soit encore arrivé là ! »

Pour autant, le candidat à la présidence de la République qu'il était redevenu était parfois gagné d'une angoisse sourde. Car s'il n'avait pas d'inquiétude quant à l'avenir des actions qu'il entreprenait, c'est du futur à plus long terme de la nation qu'il s'inquiétait parfois. Un futur que l'observation attentive de l'évolution du monde l'amenait à juger plutôt sombre. Il avait certes une idée claire de ce qu'il lui restait à faire, mais il était loin d'être convaincu que cela serait suffisant pour créer dans la durée une nouvelle dynamique civilisationnelle sur le vieux continent au sein même de cette nation plus que millénaire qu'était la France.

Bolton laissa sa pensée revenir au court terme et aux deux journées qu'il allait passer avec les siens quand le téléphone crypté de sa voiture se mit à sonner. Il décrocha, c'était Lucas Faral. Le chef de l'État écouta sans rien dire puis, d'une voix ferme, bien qu'un peu altérée, il ordonna :

— J'arrive à Nanteuil, organisez une vidéo-conférence sécurisée avec Tréport, Delpin, Landrieux et vous-même.

Puis il raccrocha, le visage fermé.

— Plus vite ! dit-il à son chauffeur.

Une fois arrivé, il prit à peine le temps d'embrasser son épouse et ses deux enfants.

— Commencez le déjeuner sans moi, j'ai une réunion urgente, leur dit-il avant d'entrer dans la pièce aménagée chez lui pour ce type de circonstance. Il s'y enferma et brancha aussitôt la connexion vidéo.

— Alors Stéphanie, lança-t-il à la ministre de la Justice, dites-nous ce que vous avez appris.

— L'homme est un haut magistrat qui m'a dit appartenir à un groupe de personnalités déterminées à tout tenter pour empêcher votre réélection. Les membres de ce cénacle seraient en train de monter une cabale contre vous qui consisterait à vous accuser de détournements de fonds publics pour un montant considérable. Tout serait organisé pour rendre crédible cette prétendue forfaiture. Lui est écœuré par cette manœuvre et a voulu nous prévenir dans le plus gand secret.

— C'est tout? demanda Bolton.

— Il m'a dit que, s'il devait être interrogé à ce sujet, il nierait tout. Il a quitté ce cercle depuis qu'ils préparent ce mauvais coup, mais il a peur.

— Et, sur ce groupe, il ne vous en a pas dit davantage ?

— Il serait composé de personnalités très puissantes du monde intellectuel, médiatique et financier.

Stéphanie Landrieux se tut et le silence se fit jusqu'à ce que Delpin prenne la parole :

— On voit la manoeuvre, ils vont attendre que la campagne soit bien engagée et ils lanceront cette affaire sur la place publique peu de temps avant le vote pour que, empêtré dans cette histoire, vous soyez dans l'impossibilité de faire campagne et de parler de votre projet.

— Mais ils oublient un facteur très important, observa Faral, c'est ce lien de confiance que vous avez tissé avec les Français et dont on a vu la force lors du référendum sur le Conseil constitutionnel. En outre, votre quinquennat n'a été marqué par aucun scandale financier impliquant un membre de l'exécutif. Personne parmi vos électeurs ne vous imagine dans les habits d'un escroc. Ça ne sera pas crédible !

— Surtout après la tentative d'assassinat de Prague, ajouta Tréport, les Français savent que certains sont prêts à tout pour vous barrer la route.

— Oui, à la réflexion, leur complot pourrait bien ne pas être aussi destructeur qu'ils le pensent, observa Bolton, un peu rasséréné.

— D'autant, renchérit Delpin, que vous avez de la marge. D'après les études de la DGSI, vous devez être réélu haut la main, peut-être même au premier tour de scrutin.

— Et surtout, ajouta le chef de l'État qui avait retrouvé son esprit combatif, je ne vais pas me laisser faire. Je vais lâcher les services secrets sur leur piste pour les neutraliser au plus vite.

Bolton salua ses interlocuteurs et dit à Faral :

— Demandez au général commandant la DGSE de venir me voir d'urgence à Nanteuil.

Chez les Lambrosi, la réception se poursuivait et la discussion portait maintenant sur le scrutin à venir. Lambrosi était certain de la victoire de Bolton. Malnar éprouvait une crainte presque irrationnelle que ce ne soit pas le cas.

— Regardez la scène politique, affirmait leur hôte. Du côté du Centre en marche, la situation est désastreuse puisque Rastoin, leur ancien président, après avoir été impliqué dans une affaire de viol, est maintenant en train d'être jugé pour complicité dans l'assassinat de Prague. Autant dire que leur nouveau candidat aura des difficultés à s'imposer.

— Oui, coupa Malnar, mais à gauche l'union des écologistes et de l'extrême gauche autour d'un candidat commun dès le premier tour est une mauvaise nouvelle pour nous. D'autant que ce rapprochement crée l'esquisse d'un grand parti wokiste qui se met en place autour d'un homme neuf.

Héloïse Randale, qui avait été élue député de Peuple souverain, estimait quant à elle qu'une grande restructuration de la scène politique française était en cours. La gauche, celle qu'on qualifiait de raisonnable, ainsi que le

Centre en marche qui représentaient tous deux les restes d'un monde politique discrédité en raison de sa soumission à l'état de droit, étaient, selon elle, voués à disparaître.

— Notre vie politique, affirma-t-elle, est donc en train de se réorganiser autour de deux forces antagonistes, Peuple souverain qui veut sauvegarder notre civilisation et le bloc wokiste qui milite pour l'extinction du monde blanc.

— Héloïse, tu vas dans mon sens, répliqua Lambrosi, car, si tel est l'enjeu, alors Bolton est sûr de l'emporter. Il y a encore, heureusement, une large majorité d'électeurs qui veulent rester eux-mêmes et défendre ce qu'ils sont ! Je vous le dis, Bolton va être réélu, peut-être même dès le premier tour !

— Si rien ne vient obscurcir le jugement des Français, ajouta, buté, Lucien Malnar.

À Nanteuil-sur-Avre, Grégoire Bolton, prenant sur lui, terminait de déjeuner avec sa famille, comme si de rien n'était. La conversation ne portait nullement sur la politique mais sur le mariage de sa fille Nathalie qui devait être célébré trois mois plus tard. Arnaud, son fils, qui avait posé son téléphone portable à côté de son assiette, eut son attention attirée par un message qu'il lut rapidement.

— Écoutez ça, dit-il, c'est formidable ! C'est le premier sondage après ton annonce de candidature. Tu serais élu dès le premier tour avec 52 p. cent des voix.

Jérôme Bolton ne put s'empêcher de sourire.

Le calendrier

Première période : 25 avril 2032 - 16 décembre 2032

- ▷ Second tour de l'élection présidentielle : 25 avril
- ▷ Intronisation de Jérôme Bolton : 30 avril
- ▷ Dîner du cénacle chez Tancrède Cabois : 27 mai
- ▷ Premier tour des élections législatives : 13 juin
- ▷ Deuxième tour des élections législatives : 20 juin
- ▷ Visite du cheikh à Draponne : 29 juin
- ▷ Adoption de la loi Remise en ordre par l'Assemblée nationale : 5 juillet
- ▷ Rejet de la loi Remise en ordre par le Conseil constitutionnel : 21 juillet
- ▷ Conférence de presse du président de la République : 22 juillet
- ▷ Conseil politique du Centre en marche : 20 septembre
- ▷ Rencontre Bolton Delpin : 21 septembre
- ▷ Intervention du chef de l'État à la télévision : 22 octobre
- ▷ Dissolution de l'Assemblée nationale : 26 octobre
- ▷ Convention Peuple souverain : 6 et 7 novembre
- ▷ Référendum et premier tour des élections législatives : 28 novembre
- ▷ Deuxième tour des élections législatives : 5 décembre
- ▷ Interview de Jérôme Bolton à Nanteuil-sur-Avre : 16 décembre

Deuxième période : 9 janvier 2033 - 12 décembre 2033

- ▷ Attentats contre les églises : 9 janvier
- ▷ Hommage aux victimes
  place de la Concorde : 15 janvier
- ▷ Vote de la loi sur l'arrêt total
  de l'immigration : 1er février
- ▷ Interview de François Delpin
  sur l'arrêt de l'immigration : 15 mars
- ▷ Discours de Jérôme Bolton
  sur le Nouvel Élan : 19 mars
- ▷ Visite du groupe des quatre : 4 mai
- ▷ Journée « Cendres et Remords » : 7 mai
- ▷ Réunion anti-woke : 10 mai
- ▷ Signature du protocole de Sotchi : 19 mai
- ▷ Adoption des lois Nouvel Élan : 10 juin
- ▷ Adoption de la loi sur la relégation : 25 octobre
- ▷ Tournée des ministres de l'Intérieur
  et de la Justice : 12 décembre

Troisième période : 23 juin 2034 - 3 mai 2037

- ▷ Réunion du cénacle : 23 juin 2034
- ▷ Lancement de la reconquête des cités interdites : 20 septembre 2034
- ▷ Attentat de Prague : 2 octobre 2034
- ▷ Signature du pacte de Prague : 3 octobre 2034
- ▷ Conférence du président au Collège de France sur l'identité nationale : 23 octobre 2034
- ▷ Début de l'insurrection : 10 janvier 2035
- ▷ Conseil de défense : 14 janvier 2035
- ▷ Intervention de l'armée : 20 janvier 2035
- ▷ Fin de l'insurrection : 22 mars 2035
- ▷ Hommage aux forces de sécurité : 27 mars 2035
- ▷ Jérôme Bolton sur l'écologie : 10 avril 2035
- ▷ Le cénacle aux abois : 16 mai 2035
- ▷ Signature du traité de Vienne : 5 juin 2036
- ▷ Déjeuner chez les Lambrosi : 14 mars 2037

Les personnages

Les présidents de la République

Ancien président 2017 - 2027	Emmanuel Macron
Ancien président 2027 - 2032	Gérard Meunier
Président de la République 2032 -	Jérôme Bolton

La famille Bolton

Son épouse	Elisabeth Bolton
Son fils, sa fille	Arnaud, Nathalie

L'Élysée

Secrétaire général de l'Élysée 1	Pierre Burgot
Secrétaire général de l'Élysée 2	Lucas Faral

Premier gouvernement sous la présidence Bolton

Premier ministre	Théo Larsen
Premier ministre 2	Frédéric Jacquard
Ministre de l'Intérieur	Frédéric Jacquard
Garde des Sceaux 1	Martine Laforge
Garde des Sceaux 2	Philippe Watringe

Deuxième gouvernement sous la présidence Bolton

Premier ministre	Frédéric Jacquard
Intérieur	François Delpin
Justice	Stéphanie Landrieux
Affaires étrangères 1	Arnaud Dewavrin
Affaires étrangères 2	Hubert Donnebois
Défense	Hugo Lefèvre
Économie et Finances	Bernard Nanceau
Communication	Victor Marsac
Éducation nationale	Chloé Massoli
Industrie et Recherche	Julien Valoris
Santé	Léa Levi-Bruard
Travail, Solidarité et Familles	Carole Duverdier
Agriculture	Martin Groislard
Écologie	Georges Darmont
Culture	Béatrice Marbeuf
Transports et Équipement	Axel But
Sports et Tourisme	Clarisse Bartoli

Les Armées

Chef d'état-major général des armées	général Lafarge
Chef d'état-major particulier du Président	général Gavoile

L'Assemblée nationale

Président de l'Assemblée nationale	Benoît Tréport
Président du groupe Peuple souverain	Bastien Belfort

Le Centre en marche

Président	Bertrand Rastoin
Président du groupe parlementaire	Benoît Tréport

Patria

Président	François Delpin
Responsable des études de Patria	Bastien Belfort

Cénacle

Chef d'entreprise	Tancrède Cabois
Universitaire	Jacques Karamenti
Patron d'un groupe de médias	Léo Smarda
Homme d'affaires franco-américain	Vincent Speedom
Chef d'entreprise	Éric Dobias
Président d'un parti politique	Bertrand Rastoin
Secrétaire général de la Confrérie	Albert Larchant

Le groupe des quatre

Présidente de la Commission européenne	Anna Bramhook
Présidente de la Cour de justice européenne	Emilia Flori
Président du Conseil européen	Eric Rolf
Président de la Banque centrale européenne	Hubert de Viturbe

CHEFS D'ETAT ET DE GOUVERNEMENT ÉTRANGERS

Président de la Fédération de Russie	Victor Borosilov
Premier ministre danois	Derik Andersen
Président des États-Unis 1	John Weston
Président des États-Unis 2	Robert Colson
Chancelier de la République fédérale d'Allemagne	Kurt Klausmeister

LES ISLAMISTES

Le cheikh
Bachir Maklouf, *le caïd*
Toufik Barkhane, *djihadiste*
Ibrahim Kateb, *djihadiste*

LES LAMBROSI ET LEURS AMIS

Marc Lambrosi, *l'hôte, chef d'entreprise*
Clara Lambrosi, *l'hôtesse*
Isabelle Bouali, *chargée de communication*
Laurence Delcoing, *professeur de lettres, journaliste*
Arnaud Delcroix, *officier de gendarmerie*
Christian Gaubert, *haut fonctionnaire*
Lucien Malnar, *professeur à la Sorbonne*
Héloïse Randale, *médecin, député Peuple souverain*
Laurent Valmont, *avocat, député Peuple souverain*

LES JOURNALISTES

Véronique Baffi, l'*Univers*
Isabelle Balouma, FMB Télé
Leïla Belkacem, Monde n° 2
Fabienne Delbarre, *l'Univers*
Béatrice Dumagne, journaliste indépendante
Arthur Dussac, TV1 présentateur
Thierry Drancourt, RT2 présentateur
Samuel Perrier, Info News
Pascaline Roux, RT2
Kevin Serabi, TV1
Daniel Toffrin, *Nouvelle Vue*
Léo Vrapenne, *le Rapide*

Quelques articles clefs de la Constitution

Article 49. Le Premier ministre, après délibération du Conseil des ministres, engage devant l'Assemblée nationale la responsabilité du Gouvernement sur son programme ou éventuellement sur une déclaration de politique générale.

L'Assemblée nationale met en cause la responsabilité du Gouvernement par le vote d'une motion de censure. Une telle motion n'est recevable que si elle est signée par un dixième au moins des membres de l'Assemblée nationale. Le vote ne peut avoir lieu que quarante-huit heures après son dépôt. Seuls sont recensés les votes favorables à la motion de censure qui ne peut être adoptée qu'à la majorité des membres composant l'Assemblée. Sauf dans le cas prévu à l'alinéa ci-dessous, un député ne peut être signataire de plus de trois motions de censure au cours d'une même session ordinaire et de plus d'une au cours d'une même session extraordinaire.

Le Premier ministre peut, après délibération du Conseil des ministres, engager la responsabilité du Gouvernement devant l'Assemblée nationale sur le vote d'un projet de loi de finances ou de financement de la sécurité sociale. Dans ce cas, ce projet est considéré comme adopté, sauf si une motion de censure, déposée dans les vingt-quatre heures qui suivent, est votée dans les conditions prévues à l'alinéa précédent. Le Premier ministre peut, en outre, recourir à cette procédure pour un autre projet ou une proposition de loi par session.

Le Premier ministre a la faculté de demander au Sénat l'approbation d'une déclaration de politique générale.

Article 12. Le Président de la République peut, après consultation du Premier ministre et des Présidents des Assemblées, prononcer la dissolution de l'Assemblée nationale.

Les élections générales ont lieu vingt jours au moins et quarante jours au plus après la dissolution.

Article 11. Le Président de la République, sur proposition du Gouvernement pendant la durée des sessions ou sur proposition conjointe des deux assemblées, publiées au Journal officiel, peut soumettre au référendum tout projet de loi portant sur l'organisation des pouvoirs publics, sur des réformes relatives à la politique économique, sociale ou environnementale de la nation et aux services publics qui y concourent, ou tendant à autoriser la ratification d'un traité qui, sans être contraire à la Constitution, aurait des incidences sur le fonctionnement des institutions.

Lorsque le référendum est organisé sur proposition du Gouvernement, celui-ci fait, devant chaque assemblée, une déclaration qui est suivie d'un débat.

Article 55. Les traités ou accords régulièrement ratifiés ou approuvés ont, dès leur publication, une autorité supérieure à celle des lois, sous réserve, pour chaque accord ou traité, de son application par l'autre partie.

Article 62. Une disposition déclarée inconstitutionnelle sur le fondement de l'article 61 ne peut être promulguée ni mise en application.

Une disposition déclarée inconstitutionnelle sur le fondement de l'article 61-1 est abrogée à compter de la publication de la décision du Conseil constitutionnel ou d'une date ultérieure fixée par cette décision. Le Conseil constitutionnel détermine les conditions et limites dans lesquelles les effets que la disposition a produits sont susceptibles d'être remis en cause.

Les décisions du Conseil constitutionnel ne sont susceptibles d'aucun recours. Elles s'imposent aux pouvoirs publics et à toutes les autorités administratives et juridictionnelles.

Article 89. L'initiative de la révision de la Constitution appartient concurremment au Président de la République sur proposition du Premier ministre et aux membres du Parlement.

Le projet ou la proposition de révision doit être examiné dans les conditions de délai fixées au troisième alinéa de l'article 42 et voté par les deux assemblées en termes identiques. La révision est définitive après avoir été approuvée par référendum.

Toutefois, le projet de révision n'est pas présenté au référendum lorsque le Président de la République décide de le soumettre au Parlement convoqué en Congrès ; dans ce cas, le projet de révision n'est approuvé que s'il réunit la majorité des trois cinquièmes des suffrages exprimés. Le bureau du Congrès est celui de l'Assemblée nationale.

Aucune procédure de révision ne peut être engagée ou poursuivie lorsqu'il est porté atteinte à l'intégrité du territoire.

La forme républicaine du Gouvernement ne peut faire l'objet d'une révision.

Table

PREMIÈRE PARTIE

DEUXIÈME PARTIE

TROISIÈME PARTIE